BRUXELLES ET BRUGES
EN QUELQUES JOURS

Helena Smith

Dans ce guide

L'essentiel
Pour aller droit au but et découvrir les villes en un clin d'œil.

Les basiques
À savoir avant de partir

Les quartiers
Se repérer

Explorer Bruxelles et Bruges
Sites et adresses quartier par quartier.

Les incontournables
Pour tirer le meilleur parti de votre visite

100% Bruxellois et Brugeois Vivre comme un habitant

Bruxelles et Bruges selon ses envies
Les meilleures choses à voir, à faire, à tester…

Les plus belles balades
Découvrir la ville à pied

Envie de…
Le meilleur de Bruxelles et Bruges

Carnet pratique
Trucs et astuces pour réussir votre séjour.

Hébergement
Une sélection d'hôtels

Transports et infos pratiques

Notre sélection de lieux et d'adresses

◉ Voir

✖ Se restaurer

🍷 Prendre un verre

✪ Sortir

🔒 Shopping

Légende des symboles

🎵 Numéro de téléphone	👶 Familles bienvenues
🕐 Horaires d'ouverture	🐾 Animaux acceptés
P Parking	🚌 Bus
🚭 Non-fumeurs	M Métro
@ Accès Internet	🚋 Tramway
📶 Wi-Fi	🚆 Train
🌱 Végétarien	

Retrouvez facilement chaque adresse sur le plan détachable

Onze-Lieve-Vrouwekerk ÉGLISE
1 ◉ Plan p 52, C2
Cette église du XIIIe siècle, vaste et un brin austère, est flanquée d'une énorme tour, actuellement "drapée" pour une complète rénovation. Elle est connue pour renfermer un marbre de Michel-Ange, la *Madone de Bruges*

Bruxelles et Bruges
En quelques jours

Les guides En quelques jours édités par Lonely Planet sont conçus pour vous amener au cœur d'une destination.

Vous y trouverez tous les sites à ne pas manquer, ainsi que des conseils pour profiter de chacune de vos visites. Nous avons divisé Bruges et Bruxelles en quartiers, accompagnés de plans clairs pour un repérage facile. Notre auteure expérimentée a déniché les meilleures adresses : restaurants, boutiques, bars et clubs... Et pour aller plus loin, découvrez les endroits les plus insolites et authentiques de Bruges et Bruxelles dans les pages "100% Bruxelles et Bruges".

Ce guide contient également tous les conseils pratiques pour éviter les casse-tête : itinéraires pour visites courtes, moyens de transport, montant des pourboires, etc.

Grâce à toutes ces infos, soyez sûr de passer un séjour mémorable.

Notre engagement

Les auteurs Lonely Planet visitent en personne, pour chaque édition, les lieux dont ils s'appliquent à faire un compte-rendu précis. Ils ne bénéficient en aucun cas de rétribution ou de réduction de prix en échange de leurs commentaires.

Explorer Bruxelles et Bruges 21

Vaut le détour :

L'essentiel

Bienvenue à Bruxelles et à Bruges

Bruges, la cité romantique du Nord, et Bruxelles, la bouillonnante capitale européenne, sont à deux pas l'une de l'autre : on aurait tort de n'en visiter qu'une seule. Si Bruxelles surpasse Bruges en taille, elles abritent l'une et l'autre des canaux sillonnés par des navettes fluviales, des parcs et des pistes cyclables, des marchés animés, des boutiques de mode d'avant-garde, ainsi que des musées remplis d'œuvres d'artistes de renommée internationale (de Bruegel à Hergé). Tous ces attraits ne doivent pas faire oublier la bière et le chocolat, parmi les plus fameux au monde.

En bord de canal (p. 34), Bruges
BOTOND HORVATH/SHUTTERSTOCK ©

Bruges et Bruxelles
Les incontournables

Grand-Place (p. 66)

Les magnifiques maisons à pignons des guildes et le splendide hôtel de ville dessinent la place médiévale la plus théâtrale d'Europe, au cœur de la capitale belge.

FRANS SELLIES/GETTY IMAGES ©

Markt (p. 24)

Le cœur battant de Bruges, dominé par un haut beffroi et rehaussé d'illuminations nocturnes. Faites une promenade en calèche, ou grimpez au sommet de la tour pour profiter d'une vue imprenable sur la ville.

Burg (p. 26)

De splendides bâtiments décorés d'ors et de statues bordent la place du Bourg. La basilique du Saint-Sang attire chrétiens de Bruges et touristes. Elle recèle une fiole sacrée qui contiendrait le sang du Christ.

GONZALO AZUMENDI/GETTY IMAGES ©

DEA PICTURE LIBRARY/CONTRIBUTOR/GETTY IMAGES ©

Musée Horta (p. 120)

La maison bruxelloise de l'architecte Victor Horta, dessinée par ses soins, combine innovations techniques et créativité artistique. C'est un fleuron Art nouveau plein de poésie, dont le tourbillonnant escalier mérite à lui seul la visite.

Groeningemuseum (p. 46)

Un condensé de l'histoire de l'art en Belgique, avec notamment une éblouissante collection de primitifs flamands, des paysages urbains représentant la Belgique à son âge d'or et des œuvres surréalistes de Hieronymous Bosch.

Musée des Instruments de musique (p. 92)

Dans un remarquable édifice Art nouveau de Bruxelles, ce musée propose un voyage sonore à travers les musiques du monde en exposant des instruments tous plus étranges les uns que les autres.

Memlingmuseum (p. 48)

Incontournable à Bruges, cette petite collection de peintures votives et de portraits brille dans la pénombre d'un ancien hospice. La châsse dorée de sainte Ursule est le clou de la collection.

Begijnhof (p. 50)

Ces maisons, dont l'une a été transformée en musée, accueillait jadis veuves et femmes célibataires. Découvrez son intérieur rustique, ou promenez-vous sous les grands arbres dans l'ambiance paisible de la cour.

Centre Belge de la Bande Dessinée (p. 68)

Ce grand magasin abrite le temple de la BD belge et internationale. Si Tintin occupe la vedette, on trouve aussi des œuvres de Hokusai et des mangas.

Musées royaux des Beaux-Arts (p. 90)

Les plus prestigieux musées du pays font la part belle aux primitifs flamands et à René Magritte. Ne manquez pas la *Chute d'Icare* de Bruegel l'Ancien et les élégants portraits de Hans Memling.

Parc du Cinquantenaire (p. 108)

Poumon vert du quartier de l'Union Européenne, ce vaste parc abrite d'intéressants musées consacrés, entre autres, à l'armée et à l'automobile.

Musée du Cinquantenaire (p. 110)

D'impressionnantes collections couvrant à la fois les antiquités, les civilisations non occidentales, les sarcophages égyptiens et les arts décoratifs européens, en particulier l'Art nouveau.

Côte belge (p. 62)

La côte belge se pare de longues plages de sable et de petites stations balnéaires discrètes comme Ostende, mais aussi de sites et mémoriaux liés aux deux guerres mondiales.

100% Bruges et Bruxelles
Vivre comme un habitant

Conseils d'initiés pour découvrir le vrai Bruges et le vrai Bruxelles

Bruges a la réputation d'être très touristique, mais nous avons déniché de jolies boutiques originales, de petites rues charmantes et peu fréquentées. À Bruxelles, nous vous ferons découvrir des boutiques de créateurs branchés, et des marchés aux puces et alimentaires.

Produits locaux dans le centre de Bruges (p. 28)

▶ Bières improbables
▶ Trésors vintage

À Bruges, on trouve de tout, du fromage artisanal au *jenever* maison, en passant par la vaisselle d'époque. Les grands stylistes belges y ont aussi quelques enseignes. Le Markt, l'impressionnante Grand-Place de la ville, accueille tous les mercredis un marché alimentaire.

Moulins à vent de Sainte-Anne, Bruges (p. 30)

▶ Moulins à vent

▶ Musée des Arts populaires
Échappez à la foule en faisant une petite balade au nord-est du centre : vous découvrirez une église remarquable, un musée des Arts populaires, un atelier de dentelle, quatre moulins à vent et un vénérable pub.

Promenade dominicale dans les Marolles, Bruxelles (p. 122)

▶ Marchés
▶ Petits restaurants

Ce quartier ouvrier traditionnel de Bruxelles réserve bien des surprises. Le marché de la gare du Midi permet de humer l'ambiance cosmopolite de la capitale, tandis que les puces de la place du Jeu de Balle proposent toutes sortes de curiosités.

Shopping à Sainte-Catherine, Bruxelles (p. 124)

▶ À la pointe de la mode
▶ Concerts de jazz

Les créateurs belges sont connus dans le monde entier pour leur approche avant-gardiste de la mode. La rue Antoine Dansaert et les rues environnantes abritent toutes les enseignes incontournables.

Cafés du Markt (p. 24)

Shopping dans la rue Antoine Dansaert

Autres lieux pour vivre comme un habitant :

Bruges et Bruxelles
En 4 jours

1er jour, Bruges

Baladez-vous parmi les colonnades du **marché au poisson** (p. 42), et le long des canaux, que vous pouvez aussi découvrir en bateau en participant à une **croisière** (p. 53) de 30 minutes. Admirez le panorama qui embrasse la ville du haut du **beffroi** (p. 25), puis descendez visiter la relique la plus honorée de la ville dans la **basilique du Saint-Sang (Heilig-Bloedbasiliek**, p. 27), avant de déjeuner avec les Brugeois au **De Belegde Boterham** (p. 29).

Prenez une leçon d'histoire de l'art, des primitifs flamands aux surréalistes, au **Groeningemuseum** (p. 46), et appréciez le paisible **béguinage** (**Begijnhof**, p. 50), sans négliger le petit musée qu'il abrite. Visitez ensuite la brasserie **De Halve Maan** (p. 55), toujours en activité, où la Brugse Zot a été créée (dégustation de bière comprise dans la visite).

Dînez à l'élégant **Den Dyjver** (p. 56), où la bière constitue un ingrédient essentiel en cuisine. Pour déguster davantage de bière flamande, rendez-vous en sous-sol au **'t Poatersgat** (p. 39), ou perdez-vous dans les ruelles adjacentes pour trouver le plus ancien pub de Bruges, le pittoresque **Café Vlissinghe** (p. 39).

2e jour, Bruges

Éloignez-vous du centre historique et consacrez la matinée au quartier Sainte-Anne. Visitez le **Jeruzalemkerk** (p. 34), la boutique de dentelle **'t Apostelientje** (p. 31), le **Museum voor Volkskunde** (p. 30) et les **quatre moulins à vent** (p. 31) qui jouissent d'une très belle situation, sur une berge verdoyante. Offrez-vous un déjeuner arrosé d'une *gueuze* (lambic, ou bière de fermentation spontanée) au pub **De Windmolen** (p. 31).

Retournez dans le centre pour découvrir une attraction touristique majeure de la ville : les **tableaux de Hans Memling** (p. 48), dans la chapelle d'un hôpital médiéval ; avec le même billet, vous pourrez admirer la très belle pharmacie carrelée du musée. Fuyez une nouvelle fois la foule pour aller vous promener dans le **Minnewater Park** (p. 131), avant de prendre un verre au très populaire **De Stoepa** (p. 56).

Dînez à **L'Estaminet** (p. 29), un petit restaurant animé, puis assistez à un concert de musique classique au moderne **Concertgebouw** (p. 60), ou bien allez voir un film au **Cinema Lumière** (p. 41) d'art et d'essai. Ensuite, prenez un dernier verre au **De Republiek** (p. 40) voisin, très apprécié des jeunes Brugeois.

Nous avons concocté pour vous des itinéraires détaillés qui vous permettront d'optimiser le peu de temps dont vous disposez.

3e jour, Bruxelles

Les façades dorées qui flanquent la splendide **Grand-Place** (p. 66) scintillent sous le soleil matinal, et c'est l'endroit rêvé pour amorcer une balade dans la capitale. Commencez par en découvrir l'histoire au **musée de la Ville** (p. 74), puis traversez les **Galeries Saint-Hubert** (p. 75), sous verrière, pour arriver à la **cathédrale** (p. 96), non loin des musées.

Profitez de votre passage dans le quartier du Mont des Arts pour déjeuner en terrasse sur le toit du **musée des Instruments de musique** (p. 92), logé dans un spectaculaire bâtiment Art nouveau. Si vous avez du temps et la forme, passez au **musée BELvue** (p. 98) pour un aperçu de l'histoire de Bruxelles et aux **musées royaux des Beaux-Arts** (p. 90), qui exposent des œuvres belges, des primitifs flamands à Magritte, en passant par Bruegel.

Redescendez dîner et assister à un concert de jazz au **Cercle des Voyageurs** (p. 77). Autre possibilité, prenez l'ascenseur en verre à l'extérieur du colossal **palais de justice** (p. 97) pour gagner le quartier des Marolles et dîner dans l'un de ses restaurants réputés, comme **L'Idiot du Village** (p. 123).

4e jour, Bruxelles

Arpentez les **boutiques de la rue Antoine Dansaert** et des axes adjacents, qui abritent de grands noms de la mode belge et de nouveaux créateurs prometteurs (p. 125). Puis, pour rester dans la thématique vestimentaire, poursuivez par le **musée du Costume et de la Dentelle** (p. 72), peu connu mais passionnant.

Prenez le tram pour aller visiter la magnifique maison Art nouveau de Victor Horta, transformée en **musée** (p. 121), ou bien le métro vers l'est à la découverte des musées et du quartier européen ; le **Musée du Cinquantenaire** (p. 110) en est la principale attraction, avec une collection foisonnante d'antiquités. Promenez-vous ensuite dans le verdoyant parc du Cinquantenaire, avant de retourner en ville déguster une gaufre saupoudrée de sucre glace à **Mokafé** (p. 74).

Le soir venu, allez boire un *half-en-half* à **Le Cirio** (p. 78), avant d'assister à un spectacle traditionnel de marionnettes au pittoresque **Théâtre royal de Toone** (p. 83), ou à un concert au **Music Village** (p. 83). Sinon, assistez à un concert de musique classique à **BOZAR** (p. 103), conçu par Horta.

Les basiques

**Pour plus d'informations,
voir le Carnet pratique (p. 153)**

Monnaie
L'euro (€)

Langue
Français/Néerlandais

Visas
Les ressortissants de l'Union européenne
n'ont aucune formalité à accomplir. Pas
de visa nécessaire pour les ressortissants
suisses et canadiens séjournant moins de
six mois.

Argent
Les DAB sont très répandus. Les petits
magasins préfèrent le liquide ; les
principales cartes de crédit sont acceptées
partout ailleurs.

Téléphone portable
Les téléphones européens fonctionnent en
Belgique. Achetez une carte SIM locale pour
limiter les coûts.

Heure locale
Heure d'Europe centrale (GMT/UTC plus
1 heure)

Prises et adaptateurs
Prise à deux fiches arrondies ; voltage de
220 V. Les visiteurs nord-américains auront
besoin d'adaptateurs.

Pourboire
Il n'est pas obligatoire, le service et la TVA étant
inclus dans le prix des restaurants et des hôtels.
Il est courant d'arrondir la note d'un ou deux
euros au restaurant et dans les taxis.

❶ Avant de partir

Budget quotidien

Moins de 60 €
▶ Lit en dortoir 25–35 €
▶ Supermarchés et plats du jour à midi
▶ Musées nationaux et concerts dans les
églises gratuits

De 60 à 150 €
▶ Chambre double 90 €
▶ Dîner deux plats avec un verre de vin 30 €
▶ Billet pour un concert de jazz 15 €

Plus de 150 €
▶ Chambre double en hôtel quatre étoiles
200 €
▶ Dîner trois plats dans un grand restaurant
avec vin 60 €
▶ Billet BOZAR 65 €

Sites Web

Lonely Planet (www.lonelyplanet.fr).
Renseignements, liens et sources utiles.

Agenda (www.agenda.be). Vie nocturne et
expositions ; existe aussi en version papier
trilingue.

Visit Brussels (visitbrussels.be). Site très
complet de l'office du tourisme.

À prévoir

Un mois avant Réservez votre hébergement
bien à l'avance, surtout pour Bruges à la
haute saison.

Deux semaines avant Réservez un *Greeter*
(www.brussels.greeters.be) de Bruxelles
pour découvrir la ville de l'intérieur (p. 94).

Quelques jours avant Achetez des billets
de concert sur Internet.

② Arriver à Bruxelles et Bruges

La plupart des voyageurs se rendant en Belgique, par l'avion ou le train, arrivent d'abord à Bruxelles puis prennent une correspondance pour Bruges.

✈ Arriver par l'avion

L'**aéroport international de Bruxelles** (www.brusselsairport.be) est situé à 14 km au nord-est du centre-ville. De là, des trains et des bus réguliers relient le centre, d'où vous pourrez prendre un train pour Bruges.

Le deuxième aéroport de Bruxelles, l'**aéroport de Charleroi Bruxelles-Sud** (www.charleroi-airport.com), est à 46 km au sud-est de la ville et est principalement desservi par des compagnies aériennes *low cost* comme Ryanair. De là, vous pouvez prendre un bus à destination de Bruxelles et Bruges.

🚐 Arriver par le train

Bruxelles-Midi (gare du Sud) est la principale gare pour les correspondances internationales : l'Eurostar, le TGV et le Thalys s'arrêtent seulement ici. Il vous faudra prendre le métro ou un taxi pour rejoindre le centre.

La plupart des autres liaisons desservent **Bruxelles-Midi** (gare du Midi), **Bruxelles-Central** (gare centrale) et, à l'exception des trains pour Amsterdam, également **Bruxelles-Nord** (gare du Nord).

Des trains reliant Bruxelles à **Bruges** partent toutes les heures des trois gares principales (Bruxelles-Midi, Bruxelles-Central et Bruxelles-Nord).

③ Comment circuler

Bruges

La gare ferroviaire de **Bruges** est à 1,5 km au sud du Markt ; de là, vous pouvez prendre un taxi ou un bus pour rejoindre la ville ou faire une jolie promenade de 20 minutes.

🚗 Voiture

Étant donné que les rues du centre de Bruges sont à sens unique, mieux vaut utiliser le grand parking couvert (0,50/2,50 € par heure/jour) à côté de la gare ferroviaire.

🚗 Taxi

Les taxis stationnent sur le Markt et devant la gare ferroviaire. Vous pouvez aussi en appeler un au 🖉 050 33 44 44 ou au 🖉 050 38 46 60.

Bruxelles

Le réseau de bus, train et métro de **Bruxelles** fonctionne de 6h à minuit. Le vendredi et le samedi, 17 bus Noctis circulent deux fois par heure entre minuit et 3h, la plupart partant de la place de Brouckère.

Ⓜ Métro, tram et bus

Les lignes 1A (nord-ouest/sud-est) et 1B (nord-est/sud-ouest) ont une portion centrale en commun. Des tramways souterrains ("prémétro") relient également Bruxelles-Nord à Bruxelles-Midi via la Bourse.

Les tickets STIB/MIVB sont valides dans tous les transports. Ils doivent être compostés avant le voyage, dans les machines situées à l'entrée des stations de métro ou à bord des tramways et des bus.

🚗 Taxi

À Bruxelles, les taxis officiels facturent 2,40 € la prise en charge puis 1,80/2,70 € le kilomètre dans/en dehors de la région de Bruxelles. Un supplément de 2 € est exigé en tarif de nuit (22h à 6h). Les taxes et les pourboires sont inclus dans le prix.

🚲 Vélo

Villo! (en.villo.be) est un parc de 180 stations libre-service.

Bruges
Les quartiers

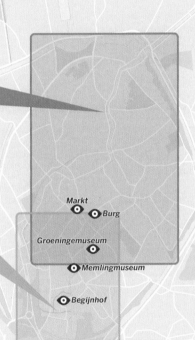

Burg Markt et le nord (p. 22)

Ces deux magnifiques places reliées entre elles constituent une parfaite introduction à la ville médiévale, et les ruelles qui les entourent sont charmantes.

⊙ Les incontournables

Markt

Burg

Groeningemuseum et le sud (p. 44)

Les principaux musées de Bruges sont ici, dont les foisonnantes collections des primitifs flamands, tandis que le béguinage est un havre de verdure.

⊙ Les incontournables

Groeningemuseum

Memlingmuseum

Begijnhof

Vaut le détour

⊙ Les incontournables

Côte belge (p. 62)

Markt
⊙ ⊙ *Burg*

Groeningemuseum
⊙

⊙ *Memlingmuseum*

⊙ *Begijnhof*

Bruxelles
Les quartiers

Parc du Cinquantenaire et quartier européen (p. 106)

En plus d'être le siège de l'Union européenne, ce quartier abrite un magnifique parc et des musées intéressants.

◉ Les incontournables

Parc du Cinquantenaire

Musée du Cinquantenaire

Grand-Place et Îlot sacré (p. 64)

Le cœur géographique de Bruxelles, avec de superbes bâtiments médiévaux et des restaurants, théâtres et salles de concerts renommés.

◉ Les incontournables

Grand Place

Centre Belge de la Bande Dessinée

Vaut le détour
◉ Les incontournables
Musée Horta (p. 120)

Vaut le détour
○ 100% bruxellois
les Marolles (p. 122)
Sainte-Catherine (p. 124)

Centre Belge de la Bande Dessinée
◉

Grand Place ◉

Musée des Instruments de Musique
◉

Musées Royaux des Beaux-Arts

Parc du Cinquantenaire
◉ ◉
Musée du Cinquantenaire

◉
Musée Horta

Bruges
●
✪
BRUXELLES
BELGIQUE

0 ▬▬▬ 150 km

Musées du quartier Royal (p. 88)

Ce majestueux quartier compte un nombre impressionnant de musées, d'agréables espaces verts, et les meilleurs chocolatiers de la ville.

◉ Les incontournables

Musées Royaux des Beaux-Arts

Musée des Instruments de Musique

Explorer
Bruges

Explorer
Bruxelles

Vaut le détour

Aux terrasses des cafés, Bruxelles
SYLVAIN SONNET/GETTY IMAGES©

Explorer

Burg, Markt et le nord

Le centre médiéval de Bruges semble tout droit sorti d'un conte de fées. Des ruelles pavées pittoresques et des canaux romantiques relient des places photogéniques bordées de tours vertigineuses et d'églises historiques. Les nombreux touristes sont la seule ombre au tableau, en particulier l'été. Mais en s'éloignant vers le nord et l'est de la ville, on découvre Bruges sous un angle différent, plus énigmatique.

L'essentiel en un jour

☀ Démarrez la journée par un café sur le **Markt** (Grand-Place ; p. 24), puis grimpez en haut du **beffroi** (p. 25) pour le panorama sur la ville et ses environs. Au **Burg** (p. 26), visitez le Renaissancezaal (hall Renaissance) du **Brugse Vrije** (musée de la Ville ; p. 27), et déchiffrez les peintures murales du **Gotische Zaal** (hall gothique), à l'intérieur du **Stadhuis** (hôtel de ville ; p. 27). Après, allez voir la relique la plus honorée à Bruges, dans la **Heilig-Bloedbasiliek** (basilique du Saint-Sang ; p. 27). Au déjeuner, goûtez les frites d'un des marchands du Markt.

☀ Non loin de là, le grandiose **Koninklijke Stadsschouwburg** (p. 41) est un ravissant théâtre du XIXᵉ siècle. À l'est, dans le paisible quartier de Sainte-Anne, la **Jeruzalemkerk** (p. 34), du XVᵉ siècle, abrite un sinistre retable couvert de têtes de mort.

☾ Pour finir, offrez-vous un copieux dîner au **Café Vlissinghe** (p. 39), une institution depuis 1515. Pour déguster de la bière flamande, rendez-vous au bar **'t Poatersgat** (p. 39). Avant de rentrer, repassez par le Markt : illuminé le soir, il offre un spectacle de toute beauté.

Pour vivre une journée comme un Brugeois, voir p. 28 et p. 30.

👁 Les incontournables

Markt (p. 24)

Burg (p. 26)

◯ 100% Brugeois

Shopping dans le centre de Bruges (p. 28)

Moulins à vent de Sainte-Anne (p. 30)

🖤 Le meilleur du quartier

Boire une bière

De Garre (p. 40)

't Poatersgat (p. 39)

Café Vlissinghe (p. 39)

Cambrinus (p. 40)

Marchés

Markt (p. 24)

Vismarkt (p. 42)

Comment y aller

🚈 **Train** Depuis la **gare** ferroviaire, comptez 20 minutes à pied environ pour gagner le centre de Bruges.

🚌 **Bus** Tous les **bus** indiquant "Centrum" desservent le Markt.

Les incontournables
Markt

Entourée de bâtiments médiévaux à pignons à redans, cette immense et spectaculaire place du marché est le cœur battant de Bruges ; les calèches s'y faufilent entre les terrasses des restaurants et les touristes armés de leur appareil photo, sous la vigilance d'une statue de Pieter De Coninck et Jan Breydel, les héros des Matines de Bruges. C'est l'attraction phare de la ville, mais l'affluence ne parvient pas à en rompre le charme. Un marché s'y tient le mercredi, l'occasion de découvrir la place sous un angle moins touristique.

👁 Plan p. 32, B7

Maisons médiévales du Markt

À ne pas manquer

Le beffroi
Symbole de Bruges, ce **beffroi** (adulte/enfant 8/5 € ; ⏰9h30-17h, dernière entrée 16h15) du XIIIᵉ siècle, inscrit sur la liste du patrimoine mondial de l'Unesco, domine le Markt (83 m). La montée des 366 marches vous fera découvrir le trésor, la cloche et le carillon manuel à 47 cloches, qui tinte régulièrement à travers la ville. Une fois en haut, regardez au-delà des toits en tuiles rouges vers les éoliennes et les grues géantes de Zeebrugge. Le nombre de visiteurs étant limité à 70, l'attente peut être longue aux heures de pointe.

Historium
L'**Historium** (www.historium.be ; Markt 1 ; adulte/enfant 11/5,50 € ; ⏰10h-18h) occupe un bâtiment néogothique. Ramenant les visiteurs en 1435, cette expérience multimédia est davantage un film médiéval qu'un musée : vue d'ensemble sur le vieux port, Jan Van Eyck peignant... Un peu léger sur la documentation, l'Historium peut sembler anecdotique par rapport aux sites historiques de la ville et sert surtout de distraction pour enfants les jours de pluie. Un *café* permet de prendre un verre avec vue sur le Markt.

Le marché
Cette place du marché historique accueille encore un marché le mercredi matin. Habitants et touristes se mêlent pour acheter fromages, saucisses, fruits, légumes et plantes. Une camionnette vend d'authentiques gaufres.

Eiermarkt
Cette petite place adjacente au flanc nord du Markt est reconnaissable à sa colonne en pierre surmontée de lions. Entourée de bars et de restaurants, elle constitue une alternative légèrement plus économique et moins animée au Markt.

☑ À savoir

▶ Si vous prévoyez de visiter plusieurs sites, procurez-vous une Bruges City Card (p. 161).

▶ Ne manquez pas une visite de la place de nuit : elle est plus calme et magnifiquement illuminée.

▶ Des circuits en calèche (39 € pour 5 personnes au maximum) partent du Markt et durent 30 minutes, avec un arrêt au béguinage (p. 50).

▶ En été, prévoyez votre promenade en calèche entre 18h et 19h, quand les édifices de Bruges se parent de reflets dorés dans les derniers rayons du soleil.

✗ Une petite faim ?

Vous aurez l'embarras du choix parmi les nombreux établissements pour touristes de la place ; vous pouvez aussi opter pour des frites (à partir de 2,25 €) et des hot-dogs (à partir de 3 €) vendus à emporter par deux camionnettes vertes stationnées sur le Markt.

Les incontournables
Burg

Le Burg, à un pâté de maisons à peine à l'est du Markt, est une place moins spectaculaire mais néanmoins ravissante, qui a été le centre administratif de Bruges pendant des siècles. Elle a également abrité la cathédrale Saint-Donatien jusqu'en 1799, date à laquelle elle fut détruite par des fanatiques antireligieux. Tout récemment, le Burg s'est doté du pavillon Toyo Ito, un étonnant bâtiment géométrique occupant le centre arboré de la place. En lui tournant le dos, vous pourrez admirer le flanc sud du Burg, avec trois superbes façades contiguës aux reflets dorés.

◉ Plan p. 32, C7

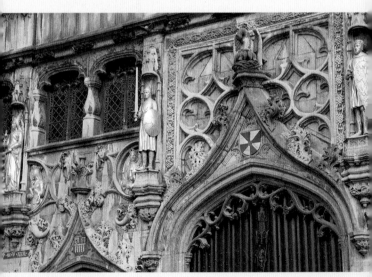

Heilig-Bloedbasiliek (basilique du Saint-Sang)

À ne pas manquer

Brugse Vrije

Cet édifice imposant, avec ses pignons baroques et ses statuettes en or, était autrefois le palais du "Franc de Bruges", le vaste territoire indépendant gouverné depuis la ville entre 1121 et 1794. Il abrite aujourd'hui des services municipaux, mais on peut visiter le **Renaissancezaal** (hall Renaissance ; Burg 11a ; gratuit ; ☉9h30-12h et 13h30-16h30) pour admirer sa cheminée sculptée de 1531.

Stadhuis

Le magnifique **Stadhuis** (hôtel de ville ; Burg 12 ; gratuit) de 1420 possède une façade originale, couverte des répliques de statues de comtes et comtesses de Flandre (les statues originales ont été détruites en 1792 par des soldats français). À l'intérieur, un audioguide vous donne des explications sur les nombreux portraits avant de vous mener à l'étage, jusqu'au stupéfiant **Gotische Zaal** (hall gothique ; adulte/tarif réduit 4/3 € ; ☉9h30-17h). Cette salle est d'une rare beauté, avec son plafond polychrome, ses voûtes suspendues et ses peintures murales historiques et romantiques.

Heilig-Bloedbasiliek

Le mur ouest du Stadhuis touche la **Heilig-Bloed-basiliek** (basilique du Saint-Sang ; www.holyblood.com ; Burg 5 ; 2 € ; ☉9h30-12h et 14h-17h, fermée mer après-midi mi-nov-mars). Elle doit son nom à une fiole, apportée ici après les croisades, qui contiendrait le sang du Christ. La porte de droite mène à l'étage, où une chapelle colorée abrite la relique, cachée derrière un tabernacle en argent. L'étage conserve également le trésor, dont le reliquaire incrusté de pierres sur lequel la fiole est transportée le jour de l'Ascension, pour la Heilig-Bloedprocessie (procession du Saint-Sang).

☑ À savoir

▶ Prenez l'audioguide (gratuit) pour le Gotische Zaal, qui explique les peintures murales et éclaire sur l'histoire de la ville.

▶ La relique du Saint-Sang de la basilique est sortie pour être honorée chaque jour à 14h. Le silence et la discrétion sont de mise.

▶ Comme le Markt, le Burg est très beau et paisible en début de soirée et la nuit.

▶ Juste au sud du Burg, de l'autre côté du pont, ne manquez pas le joli Vismarkt (marché au poisson ; p. 42) à colonnades de 1821, qui accueille encore des étals de poisson presque tous les matins, ainsi que des marchands de bibelots plus tard dans la journée.

♟ Une petite soif ?

Le minuscule bar De Garre (p. 40), très prisé des amateurs de bière, est niché dans une ruelle, entre le Markt et le Burg.

100% Brugeois
Shopping dans le centre de Bruges

L'affluence de visiteurs et les nombreux marchands de gaufres et de frites peuvent rendre le centre de Bruges étouffant. Mais, derrière la façade de carte postale, vous pourrez faire d'intéressantes trouvailles si vous cherchez de la bière, du fromage ou de la charcuterie, mais aussi des vêtements, de la dentelle, et tout un ensemble d'articles éclectiques.

1 **Faire son marché au Markt**
Haut lieu touristique, avec ses calèches et ses groupes compacts écoutant leur guide, le Markt offre un tout autre visage le mercredi matin, jour de marché. L'endroit est idéal si vous avez prévu un pique-nique ou si vous avez simplement envie de fruits frais. Vous y trouverez notamment des fromages et des saucisses belges.

❷ Trouver de bons produits à Diksmuids Boterhuis

Cette belle **épicerie** (www.diksmuidsboterhuis.be ; Geldmuntstraat 23 ; ⏰10h-12h30 et 14h-18h30) traditionnelle existe depuis 1933. Elle propose un grand choix de saucisses (suspendues au plafond), du fromage, du miel, de la viande froide et de la moutarde.

❸ Mode féminine à L'Heroïne

La belle façade en béton de **L'Heroïne** (www.lheroine.be ; Noordzandstraat 32 ; ⏰10h30-18h lun-sam) tranche au milieu des vitrines de grandes chaînes. Vous y trouverez des stylistes belges établis (Dries Van Noten et Ann Demeulemeester), et de jeunes talents comme Christian Wijnants. Belles robes en soie à imprimés, somptueux foulards et écharpes...

❹ Déjeuner à De Belegde Boterham

Sortez des sentiers battus touristiques dans ce **restaurant** (☎050 34 91 31 ; www.debelegdeboterham.be ; Kleine St Amandsstraat 5 ; plats à partir de 12 € ; ⏰12h-16h, lun-sam) ouvert seulement le midi. La décoration élégante et monochrome est un peu froide, mais la nourriture (soupes, sandwichs, grandes salades) est excellente, avec des ingrédients frais et des assaisonnements savoureux.

❺ Les meilleures bières à Bacchus Cornelius

Quand les Brugeois veulent acheter de la bière, ils vont au supermarché. Mais s'ils recherchent un breuvage spécial, ils se rendent à **Bacchus Cornelius** (www.bacchuscornelius.com ; Academiestraat 17 ; ⏰13h-18h30). Ce magasin propose 450 bières et gueuzes rares, ainsi que des *jenevers* et des liqueurs parfumées à la fleur de sureau, aux canneberges et aux cerises. Le propriétaire peut vous faire goûter le genièvre qu'il fait lui-même. Deux pianos sont à la disposition des clients et, en hiver, la cheminée qui crépite ajoute au charme des lieux.

❻ Chiner chez Madam Mim

Adresse incontournable pour les amateurs de vintage, l'adorable **Madam Mim** (www.madammim.be ; Hoogstraat 29 ; ⏰11h-18h mer-lun) vend des vêtements originaux fabriqués maison à partir de tissus vintage, de la vaisselle des années 1960, du cristal, de beaux chapeaux et des vêtements pour enfants des années 1970. Dentelle d'époque à des prix imbattables.

❼ Dîner à L'Estaminet

Avec ses poutres en bois sombre, ses lumières tamisées et son atmosphère conviviale, **L'Estaminet** (☎050 33 09 16 ; Park 5 ; bière/en-cas/pâtes à partir de 1,8/6/8 € ; ⏰11h30-23h mar-dim, 16h-23h jeu) ne semble pas avoir changé d'un iota depuis son ouverture, en 1900. On y vient avant tout pour boire un verre, mais il est également possible de déguster des spaghettis bolognaise gratinés au fromage. En été, les habitués migrent vers la terrasse.

100% Brugeois
Moulins à vent de Sainte-Anne

Le quartier de Sainte-Anne offre un agréable répit, à l'écart de l'agitation du centre, mais aussi un aperçu de la riche histoire de la région. L'industrie de la dentelle faite main est toujours vivace, et vous pourrez admirer le travail des dentellières au Kantcentrum. Le musée des Arts populaires, lui, s'intéresse à la vie et au travail des anciens habitants. Quatre jolis moulins à vent offrent une vue spectaculaire sur la ville.

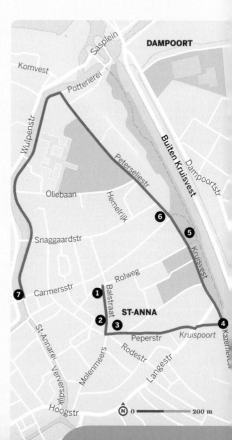

① Visiter le Museum voor Volkskunde

Ce charmant **musée** (musée des Arts populaires ; Balstraat 43 ; adulte/tarif réduit 4/3 € ; ⊙9h30-17h mar-dim) présente 18 scènes de la vie flamande d'autrefois (une confiserie, une chapellerie, une cuisine traditionnelle des années 1930...). L'ensemble est un peu statique, mais les lieux sont agréables et à **De Zwarte Kat**, le petit café désuet du musée, une bière ne vous coûtera que 1,25 €. Les expositions temporaires à l'étage sont souvent intéressantes.

❷ Acheter de la dentelle à 't Apostelientje

Dans les pittoresques ruelles secondaires de Bruges, vous n'apercevrez pas âme qui vive. Les vêtements et cadeaux de cette jolie petite **boutique** (www.apostelientje.be ; Balstraat 11 ; ☺9h30-12h15 et 13h15-17h mer-sam, 13h-17h mar, 10h-13h dim) sont fabriqués à partir de belles dentelles traditionnelles par une femme et ses deux filles. Le mari de l'une des filles fabrique ses bobines en bois. Authenticité garantie.

❸ Admirer le travail des dentellières au Kantcentrum

Derrière le spectaculaire **Jeruzalemkerk**, le **Kantcentrum** (musée de la Dentelle ; www.kantcentrum.com ; Balstraat 16 ; adulte/enfant 5/4 € ; ☺9h30-17h) abrite une belle collection de dentelles dans un ensemble de maisons anciennes mitoyennes. L'après-midi, vous pourrez admirer les dentellières et leurs apprenties, qui se rassemblent ici pour travailler et discuter. En les observant, on comprend mieux pourquoi la dentelle faite main est chère.

❹ Voir les fortifications médiévales

La porte **Kruispoort** (sur Langestraat) est un impressionnant vestige des anciennes fortifications de la ville.

❺ Visiter les moulins à vent

Entre le XIIIe et le XIXe siècle, les remparts de Bruges étaient ornés de *molens* (moulins) ; une promenade le long du canal bordant la partie orientale de la ville fait traverser un agréable espace vert, dominé par les quatre moulins à vent restants. Deux sont ouverts à la visite et accueillent un petit musée : le St **Janshuismolen** (Kruisvest ; adulte/tarif réduit 3/2 € ; ☺9h30-12h30 et 13h30-17h mar-dim mai-sept), du XVIIIe siècle, et le **Koeleweimolen** (Kruisvest ; adulte/tarif réduit 3/2 € ; ☺9h30-12h30 et 13h30-17h mar-dim juil-août). Malgré ce détournement touristique, ils continuent à moudre du grain pour le transformer en farine.

❻ Prendre un verre à De Windmolen

Faites une pause dans ce petit **café** (☎050 33 9 7 39 ; Carmersstraat 135 ; bière/en-cas/pâtes à partir de 1,80/4,50/8,50 € ; ☺10h-tard lun-jeu, 10h-3h ven et dim) de quartier, qui dispose d'une terrasse ensoleillée avec vue sur les moulins de Sainte-Anne. Une bonne adresse pour déguster des bières locales.

❼ Longez le canal sur Potterierei

Revenez vers le centre le long du beau quai Potterierei, jalonné de statues de Madones. Ne manquez pas le petit pont-levis qui rappelle Amsterdam.

DAMPOORT

Buiten Kruisvest

Kruisvest

400

Zuidervaartje

Dampoortstr

Damse Kaai

Zuidzandstr Zuid

Sasplein Noorweegse Kaai

29

Peterseliestr

Rolweg

Carmersstr

Hug

Nos adresses

	Les incontournables	p. 24
	Voir	p. 34
	Se restaurer	p. 36
	Prendre un verre	p. 40
	Sortir	p. 41
	Shopping	p. 43

Potterierei

3 OLV-ter-
Potterie

Handelskom

Duinenabdijstr

Oliebaan

Snaggaardstr

Wulpenstr

S Gravenstr

Langerei

Komvest

J en M Sabbestr

Raamstr

Kalkenbergstr

Baliestr

Annuntiatenstr

Lange Bidderstr

HAVEN
Fort Lapin

Vlotkom

St-Claradreef

St-Clarastr

West Gisteh

Hoedenmakers

Konigin Elizabethlaan Komvest

Krakeleweg

N Gomberstr

Vlamingdam

St Pieterskaai

Kanaal Gent-Oostende
Brugge-Oostende
Kolenkaai

Diksmuidestr

Leopold I-laan

Werfstr

Elf Julistr

Blokstr

Klaverstr

Achiel Van
Ackerplein

Voir

Jeruzalemkerk ÉGLISE

1 📍 Plan p. 32, D5

Dans la partie ouest de Sainte-Anne se dresse l'une des églises les plus étranges de Bruges, construite au XVe siècle par la famille Adornes. Cette structure, qui serait inspirée de l'église du Saint-Sépulcre de Jérusalem, abrite un retable couvert de têtes de mort et une effigie du corps du Christ nichée dans une petite chapelle. Le tombeau en marbre noir d'Anselme Adornes ne renferme que son cœur. C'est probablement la seule partie de son anatomie qui put être rapportée à Bruges après son assassinat en Écosse en 1483. (Peperstraat 1 ; adulte/enfant 2,50/1,50 € ; ⏱10h-17h lun-sam)

Vue sur les canaux PANORAMA

2 📍 Plan p. 32, C7

Ne manquez pas la vue sur les canaux depuis la terrasse du café 't Klein Venetie. Avec le beffroi qui domine un ensemble de façades médiévales, ce panorama urbain séduit à toute heure du jour mais a un charme particulier lorsqu'il s'illumine le soir. (www.360cities.net/image/rozenhoedkaai-brugge)

OLV-ter-Potterie MUSÉE

3 📍 Plan p. 32, D2

L'entrée dans cette petite église doublée d'un hôpital est gratuite avec le billet pour le musée St-Janshospitaal. Après avoir sonné, vous découvrirez des chefs-d'œuvre du XVe et du XVIe siècle. La belle église baroque abrite le reliquaire de saint Idesbalde et un relief polychrome en bois représentant Marie allaitant Jésus. La poitrine de la Vierge a été recouverte de dentelle. (Potterierei 79 ; adulte/tarif réduit 4/3 € ; ⏱9h30-12h30 et 13h30-17h)

Crowne Plaza Hotel FOUILLES

4 📍 Plan p. 32, C6

Dans les années 1990, pendant les travaux de construction du Crowne Plaza Hotel, les ouvriers mirent au jour un mur, qui appartenait à l'église Saint-Donatien (St-Donaas), dont les fondations remonteraient au Xe siècle et qui deviendra plus tard une cathédrale. On autorisa la

À savoir

Bruges pas cher

Si vous prévoyez de visiter plusieurs sites, procurez-vous la **Bruges City Card** (p. 161) qui donne accès à tous les principaux musées de la ville et diverses attractions, notamment Choco-Story et la brasserie De Halve Maan. Elle vous donne également droit à une promenade en bateau, ainsi qu'à des réductions sur la location de vélo, des concerts, des films et des pièces de théâtre.

Comprendre
Les matines de Bruges

La fortune précoce et l'indépendance des corporations médiévales de Bruges créèrent des tensions avec leurs suzerains français. En 1302, lorsque les membres des guildes refusèrent de payer de nouveaux impôts, les Français dépêchèrent à Bruges une garnison forte de 2 000 hommes. Sans se laisser intimider, Pieter De Coninck, doyen de la guilde des Tisserands, et Jan Breydel, doyen de la guilde des Bouchers, menèrent une révolte qui allait apparaître dans les livres d'histoire flamande sous le nom de "matines de Bruges" (Brugse Metten). À l'aube du 18 mai, les insurgés brugeois pénétrèrent dans les maisons et assassinèrent quiconque ne parvenait pas à prononcer l'expression néerlandaise *"schild en vriend"* ("bouclier et ami"). Cet événement initia une immense révolte flamande. La victoire flamande lors de la bataille des Éperons d'or (bataille de Courtrai), six semaines plus tard, près de Kortrijk, donna à la Flandre médiévale une indépendance de très courte durée.

poursuite des travaux, à condition que les vestiges soient accessibles gratuitement au public. Excepté lors de conférences et de séminaires, vous pourrez vous rendre dans les sous-sols de l'hôtel pour découvrir des cartes anciennes, des peintures, des tombeaux, et vous éloigner un peu de la foule. (Burg 10)

Choco-Story
MUSÉE

5 ◉ Plan p. 32, C6

Alléchant musée consacré au chocolat, qui retrace son histoire depuis la graine de cacaoyer qui servait de monnaie aux Aztèques. Vidéo sur la production de cacao et dégustation de praline maison. (www.choco-story.be ; Wijnzakstraat 2, Sint-Jansplein ; adulte/enfant 8/5 € ; billet combiné avec le Diamantmuseum 14 € ; ☉10h-17h)

Frietmuseum
MUSÉE

6 ◉ Plan p. 32, B6

L'histoire de la pomme de terre, des anciens tombeaux incas aux friteuses belges. Le prix d'entrée inclut un bon de réduction pour la *frituur* (friterie) (frituur 2 € ; ☉ 11h-15h) du sous-sol (☎050 34 01 50 ; www.frietmuseum.be ; Vlamingstraat 33 ; adulte/ enfant/tarif réduit 7/5/6 € ; frites 2 € ; ☉10h-17h, fermé de Noël à mi-janvier)

Se restaurer

Pro Deo
BELGE

7 ✕ Plan p. 32, E5

Un restaurant cosy et romantique, dans une maison à pignons chaulée du XVIe siècle. Succulentes spécialités belges comme le *stoofvlees* (carbonade

flamande). (☏050 33 73 55 ; www.
bistroprodeo.be ; Langestraat 161 ; plats 19-
28 € ; ⏱11h45-13h45 et 18h-21h30 mar-ven,
18h-22h sam)

De Stove
GASTRONOMIE €€

 8 Plan p. 32, B7

Cette adresse intimiste ne compte
que 20 places. Le poisson frais est à
l'honneur, mais la carte qui évolue
chaque mois comporte aussi des plats
de viande. Tout est fait maison, du
pain aux crèmes glacées. (☏050 33
78 35 ; www.restaurantdestove.be ; Kleine
St-Amandsstraat 4 ; plats 19-34 €, menu 49 €,
vin compris 67 € ; ⏱12h-13h30 sam-dim,
19h-21h ven-mar)

Den Gouden Karpel
FRUITS DE MER €

9 Plan p. 32, C7

Ce petit restaurant soigné est l'endroit
idéal pour un déjeuner à partir de
produits en provenance directe du
marché aux poissons. Sandwich
au crabe, salade de saumon fumé,
beignets de crevettes et huîtres.
Sur place ou à emporter. (☏050
33 33 89 ; www.dengoudenkarpel.be ;
Vismarkt 9-11 ; plats à partir de 4 € ; ⏱11h-18h
mar-sam)

De Bottelier
MÉDITERRANÉEN €€

 10 Plan p. 32, A6

Décoré de chapeaux et de vieilles
horloges, cet adorable restaurant est
installé au-dessus d'un marchand
de vin et donne sur un charmant
petit jardin, en bordure du canal.

 100% Brugeois

Se restaurer en fin de soirée (ou très tôt le matin)

Si votre estomac réclame autre
chose que des frites et des
kébabs après 23h, rendez-vous
au restaurant **Christophe** (p. 57),
un établissement à l'élégance
décontractée avec une cuisine
ouverte sur la salle, qui sert
jusqu'à 1h ; autre possibilité, avant
3h, les spécialités flamandes de
't Gulden Vlies (☏050 33 47 09 ;
www.tguldenvlies.be ; Mallebergplaats 17 ;
plats 14,50-25 € ; ⏱19h-3h mer-
dim), restaurant douillet chargé
d'histoire. Sur le Markt, on sert des
petits-déjeuners à partir de 7 €
mais vérifiez ce qui est inclus dans
le menu avant de vous asseoir.
Pour un café et un croissant, la
solution la plus économique est
la chaîne de boulangeries **Panos**
(Zuidzandstraat 29 ; café/croissant
1,80/1,10 € ; ⏱7h-18h30 lun-sam, 11h-
18h30 dim).

Pâtes/plats végétariens à partir de
9 €/13,50 €. Réservations conseillées.
(☏050 33 18 60 ; www.debottelier.com ;
St-Jakobsstraat 63 ; plats à partir de 16 € ;
⏱déj-22h mar-ven, 19h-22h sam)

De Karmeliet
RESTAURANT €€€

11 Plan p. 32, D6

Le chef Geert Van Hecke a été
récompensé par trois étoiles

Vue sur le beffroi et les canaux (p. 25)

au Michelin pour ses créations sophistiquées (courgettes farcies et œufs de caille pochés, caviar, crabe et mousseline de champagne). Le cadre peut sembler austère, mais le contenu de l'assiette compense largement. À midi, les tarifs sont un peu plus abordables. Réservez, surtout le week-end. (📞050 33 82 59 ; www.dekarmeliet.be ; Langestraat 19 ; plats à partir de 70€, menus à partir de 85 € ; 🕐déj-13h30 et 19h-21h30 mar-sam ✱)

Chagall
BELGE €€

12 🍴 Plan p. 32, A7

Banquettes, bougies, étagères envahies de bibelots et piano confèrent à cet établissement une ambiance familiale. Les produits de la mer, en particulier l'anguille, sont les spécialités maison Bon rapport qualité/prix pour les menus de 2 ou 3 plats. (📞050 33 61 12 ; www.restaurantchagall.be ; St-Amandsstraat 40 ; plats 10/22 € ; 🕐fermé mer)

Gran Kaffee De Passage
BISTROT €

13 🍴 Plan p. 32, A8

Avec son mélange d'habitués et de voyageurs logeant à l'hôtel voisin du Passage, ce bistrot alternatif Art déco éclairé à la bougie est l'un des plus plaisants de la ville. Les plats traditionnels comme le *stoverij* (viande à la bière), ainsi que les

Comprendre
Le chocolat belge

La base du chocolat se compose d'un mélange, en proportions variables, de pâte de cacao, de sucre et de beurre de cacao. La plus forte proportion de pâte de cacao se retrouve dans le chocolat noir, le chocolat au lait comporte du lait en poudre, et le chocolat blanc est fabriqué avec du beurre de cacao mais pas du tout de pâte de cacao. Si le chocolat belge est sans conteste le meilleur du monde, c'est parce que sa recette se cantonne religieusement à ces ingrédients, alors que dans d'autres pays, on autorise l'adjonction de graisses végétales, plus économiques, pour remplacer en partie le beurre de cacao.

Les principaux chocolats belges sont les pralines et les manons – chocolats garnis de crème en vente dans un nombre impressionnant de boutiques spécialisées. Dans ces boutiques, où le choix est vertigineux, le personnel ganté de blanc enveloppe délicatement les douceurs que le client a choisies – on peut parfaitement n'acheter qu'un seul chocolat. Les prix varient en fonction de la marque. On ne peut pas se tromper avec la chaîne Leonidas, dont les boutiques sont omniprésentes. Toutefois, nombreux sont les Belges à préférer les enseignes Neuhaus, Corné ou Galler, plus onéreuses. Ses élégants coffrets noirs, ses fèves de cacao achetées chez des spécialistes renommés, et ses saveurs novatrices, font de Pierre Marcolini la marque de choix pour une clientèle aisée et soucieuse des tendances. Chocolate Line, artisan chocolatier haut de gamme, a une réputation bien à lui : il a créé le "chocolate shooter", une machine à priser du chocolat, pour les Rolling Stones.

nourrissantes créations à base de tofu, sont très économiques. (☎ 050 34 02 32 ; www.passagebruges.com ; Dweersstraat 26-28 ; plats 10-16,50 € ; ⏱17h-23h mar-jeu et dim, déj-23h ven et sam)

Da Vinci
GLACIER €

 14 Plan p. 32, A7

Il est bien difficile de se décider entre les 40 délicieux parfums de glaces artisanales. Heureusement, on vous aidera en vous offrant de petits échantillons pour goûter. La boule de glace est à seulement 1,30 €. Au plus fort de l'été l'établissement reste ouvert jusqu'à 23h. (☎ 050 33 36 50 ; Geldmuntstraat 34 ; 1 boule 1,30 € ; ⏱fermé mi-nov à fév)

Tous Paris
ÉPICERIE €

15 Plan p. 32, A8

Si vous êtes las des gaufres et des frites, cette épicerie fine est une bonne alternative avec ses salades fraîches, ses quiches et ses sandwichs préparés à la demande dans du pain blanc ou complet. (☎ 050 33 79 02 ; Zuidzandstraat 31 ; en-cas 3-8 € ; ⏱fermé mer-jeu)

In 't Nieuwe Museum PUB €€

16 Plan p. 32, E7

Cet établissement familial doit son nom à la collection de plaques de brasserie, de tirelires et d'objets hétéroclites qui ornent les murs. On se croirait presque dans un musée ! À midi, il y a 5 sortes de *dagschotel* (plat du jour, 7 € à 12,50 €) et, le soir, des viandes savoureuses sont cuites dans la cheminée du XVIIe siècle. (☏ 050 33 12 22 ; Hooistraat 42 ; plats 16-22 € ; ⏰ 12h-14h et 18h-22h jeu-mar, fermé sam midi)

Ryad INDIEN, MAROCAIN €€

17 Plan p. 32, C6

Les currys indiens complètent l'offre de couscous et de tajines de ce pittoresque restaurant marocain où flotte un parfum d'encens. Un douillet salon de thé aux airs de tente berbère vous attend à l'étage. (☏ 050 33 13 55 ; Hoogstraat 32 ; plats 18-24 € ; menu déj 10,50 € ; ⏰ 12h-14h30 et 18h-22h30 jeu-lun)

Est Wijnbar TAPAS €

Ce charmant petit bar à vin à proximité d'un canal (voir 2 ⊙ plan p. 32, C7) fait une adresse agréablement décontractée au dîner. La carte propose *raclette*, pâtes, salades et savoureux desserts. L'endroit est très animé le dimanche soir, quand il accueille des concerts de jazz et de blues à partir de 20h30. Le bâtiment date de 1637. (☏ 050 33 38 39 ; www. wijnbarest.be ; Braambergstraat 7 ; plats 10-14 € ; tapas 4-10 € ; ⏰ 16h-0h mer-lun ; 🎵)

Sans Cravate FRANÇAIS €€€

18 Plan p. 32, E5

Les murs de brique, la cheminée moderniste et les céramiques contemporaines composent le décor de ce restaurant dont la cuisine ouverte est un véritable petit théâtre. L'accent est mis sur les produits frais et la grande gastronomie française. (☏ 050 67 83 10 ; www.sanscravate.be ; Langestraat 159 ; plats 38-42 €, menus 58-89 € ; ⏰ 12h-14h mar-ven, 19h-21h30 mar-sam)

Prendre un verre

't Poatersgat PUB

19 Plan p. 32, B5

Repérez l'ouverture dans le mur et descendez jusqu'à cette cave au plafond voûté, éclairée de sobres lumières blanches et de bougies. 't Poatersgat ("le trou du moine" dans le dialecte local) propose 120 bières belges, dont un excellent choix de bières trappistes. (www.poatersgat.com ; Vlaamingstraat 82 ; ⏰ 17h-tard)

Café Vlissinghe PUB

20 Plan p. 32, D5

C'est le plus ancien estaminet de Bruges ; selon la légende, Rubens y aurait peint une pièce de monnaie sur une table avant de s'enfuir. L'intérieur est magnifiquement conservé, avec ses boiseries et son poêle à bois. En été, il faut s'installer dans le jardin ombragé pour faire une partie de pétanque. (📞 050 34 37 37 ; www.cafevlissinghe. be ; Blekersstraat 2 ; 🕑 11h-22h mer-sam, 11h-19h dim)

De Garre
PUB

21 🍺 Plan p. 32, B7

Goûtez à la délicieuse bière pression de l'établissement, la Tripel van De Garre, servie avec une mousse très épaisse dans un verre presque aussi large qu'un verre à cognac. Cette bière étant à 11%, le personnel ne sert que trois verres à la même personne. Cet estaminet propose aussi quantité d'autres bières belges, notamment la remarquable Struise Pannepot (3,50 €). (📞 050 34 10 29 ; www.degarre.be ; Garre 1 ; 🕑 midi-minuit lun-jeu, jusqu'à 1h ven-sam)

100% Brugeois
Une soirée en compagnie des Brugeois

Organisé autour d'une cour, De Republiek (www.derepubliek.be ; St-Jakobsstraat 36 ; 🕑 23h-tard) est un vaste établissement animé est très apprécié des Brugeois. Les DJ chauffent l'ambiance chaque vendredi et samedi soir ; grand choix de plats, notamment végétariens, à prix raisonnables et servis jusqu'à minuit, sans oublier la longue carte des cocktails.

Cambrinus
BAR À BIÈRES

22 🍺 Plan p. 32, C6

Ce pub-brasserie du XVIIe siècle sert d'innombrables variétés de bière ainsi que des en-cas et des plats belges traditionnels ou d'inspiration italienne. (📞 050 33 23 28 ; www. cambrinus.eu ; Philipstockstraat 19 ; 🕑 11h-23h dim-jeu, jusque tard ven-sam)

Rose Red
BAR

23 🍺 Plan p. 32, C6

Un bar dans les tons roses et décoré de roses, dont le personnel avenant et connaisseur sert des bières remarquables provenant des 50 meilleures brasseries de Belgique. Vous aurez le choix entre 5 à 6 bières pression, 150 bières en bouteille, ou une dégustation de 4 bières pour 10 €. Accompagnez le tout d'en-cas, notamment du fromage fabriqué par les moines trappistes de Chimay (à partir de 3,50 €). (📞 050 33 90 51 ; www.cordoeanier.be/en/rosered.php ; Cordoeaniersstraat 16 ; 🕑 11h-23h mar-dim)

Opus Latino
CAFÉ

24 🍺 Plan p. 32, C7

Un café moderne, au bord de l'eau, avec des tables usées par les intempéries. Il est situé tout au bout d'un canal, à côté d'une fontaine à tête de Bouddha. On y accède par le passage marchand qui relie Wollestraat au Burg et débouche près de la basilique du Saint-Sang. Tapas et en-cas plus substantiels. (☎ 050 33 97 46 ; Burg 15 ; bière/tapas/en-cas/ à partir de 2,20/6/ 8,50 € ; ☉11h-23h jeu-mar)

Merveilleux Tearoom
CAFÉ €

25 📍 Plan p. 32, A7

Cet élégant salon de thé au sol en marbre se trouve dans un passage pavé près du Markt. Le café est accompagné d'un délicieux biscuit et parfois d'un petit verre de glace à la fraise ou de mousse au chocolat. (☎ 050 61 02 09 ; www.merveilleux.eu ; Muntpoort 8 ; thé complet 11 €, plats 15-24 € ; ☉10h-18h)

Sortir

Retsin's Lucifernum
CLUB

26 ⭐ Plan p. 32, C6

Cette ancienne loge maçonnique appartient à un vampire autoproclamé : sonnez un dimanche soir, franchissez le temple vaudou et priez pour être convié dans ce bar d'un autre monde, éclairé à la bougie, où l'on vous servira peut-être de puissants cocktails à base de rhum sur fond de concert de musique latino. Ou peut-être pas. C'est toujours une surprise. Ne manquez pas les tombes dans le jardin exotique. (☎ 0476 35 06 51 ; www.lucifernum.be ; Twijnstraat 6-8 ;

entrée 1 boisson incluse 10 € ; ☉ 20h-23h dim seulement)

Cinema Lumière
CINÉMA

27 ⭐ Plan p. 32, A6

Ce cinéma d'art et essai programme d'excellents films étrangers en VO et accueille Cinema Novo, un festival de cinéma indépendant. (☎ 050 34 34 65 ; www.lumiere.be ; St-Jakobsstraat 36)

Koninklijke Stadsschouwburg
THÉÂTRE

28 ⭐ Plan p. 32, B6

Cultuurcentrum Brugge, le centre culturel de la ville, propose pièces de théâtre et concerts dans divers lieux, notamment ce majestueux théâtre de 1869. Opéra, musique classique, théâtre et danse. À l'extérieur se dresse une statue de Papageno, l'oiseleur de *La Flûte enchantée* de Mozart. (☎ 050 44 30 60 ; Vlamingstraat 29)

Du Phare
CONCERTS

29 ⭐ Plan p. 32, D1

Nichée dans les vestiges d'une des anciennes portes de Bruges, cette taverne sert d'énormes portions de couscous. Du Phare est réputé pour ses concerts de blues/jazz – consultez le site Internet pour la programmation. (☎ 050 34 35 90 ; www.duphare.be ; Sasplein 2 ; ☉cuisine 11h30-15h et 18h-minuit, bar 11h30-tard, fermé mar)

Entrenous
DISCOTHÈQUE

 30 Plan p. 32, E5

Une vraie discothèque en plein centre-ville. La clientèle plébiscite les soirées DJ, les concerts et les afters. (📞050 34 10 93 ; www.bauhauszaal.be ; Langestraat 145 ; 🕙22h-tard ven et sam)

Joey's Café
CONCERTS

31 Plan p. 32, A8

Le propriétaire, Stevie, joue dans le groupe brugeois Cajun Moon ; ce bar intimiste attire donc une foule de musiciens et accueille parfois des concerts. Le reste du temps, détendez-vous en sirotant l'un des onctueux cocktails de Stevie ou la Tripel. (📞050 34 12 64 ; Zuidzandstraat 16a ; 🕙11h30-tard lun-sam)

Vinkenzettingen
JEU TRADITIONNEL

32 Plan p. 32, E4

Il n'y a pas de rendez-vous fixe mais, pour assister à l'excentrique sport traditionnel du "jeu à pinsons", vous pouvez toujours rejoindre Hugo Verrieststraat tôt le dimanche en été. Datant de la fin du XVIe siècle, ce jeu consiste à aligner les cages de plusieurs pinsons pour déterminer lequel chantera le plus souvent en une heure. Seul un cui-cui ("susk-weet") bien particulier est accepté, certains *vinkeniers* ("pinsonophiles") un peu frappés prétendant que les oiseaux de Wallonie ne savent pas prononcer correctement le néerlandais ! (www.avibo.be ; Hugo Verrieststraat)

Shopping

Vismarkt
MARCHÉ

 33 Plan p. 32, C7

Les poissonniers y vendent leurs produits depuis des siècles. Ils ne sont plus qu'une poignée à s'installer sur les étals en pierre, mais l'endroit mérite le détour, notamment pour déguster des *maatjes* (filets de hareng). Le week-end, le Vismarkt et le Dijver voisin accueillent une grande brocante. (Steenhouwersdijk ; 🕙8h-13h mar-sam)

De Reyghere Reisboekhandel
LIBRAIRIE

 34 Plan p. 32, B7

Librairie de voyage bien achalandée. (📞050 33 34 03 ; www.reisboekhandel.be ; Markt 12 ; 🕙9h30-12h mar-sam et 14h-18h lun-sam)

De Biertempel
BIÈRES

 35 Plan p. 32, B6

Dans ce "temple de la bière", vous pourrez notamment dénicher une bouteille de Westvleteren (bière trappiste) à bon prix. (📞050 34 37 30 ; Philipstockstraat 7 ; 🕙10h-18h)

Rombaux
MUSIQUE

 36 Plan p. 32, C6

Depuis 1920, cette grande boutique est spécialisée en musique classique, jazz, musiques du monde, musiques traditionnelles et musique flamande. On y perd facilement la notion

Comprendre
Fine dentelle

Il existe deux façons de faire de la dentelle (*kant* en néerlandais). La **dentelle à l'aiguille** (*naaldkant*) utilise un seul fil pour broder un motif sur un morceau de tissu ou de papier qui sera ensuite jeté. D'origine italienne, cette technique a été perfectionnée à Bruxelles, et le point à l'aiguille classique est toujours appelé "point de Bruxelles". Très différente, la **dentelle aux fuseaux** (*kloskant*) crée un réseau de fils reliés entre eux avec plusieurs fuseaux méticuleusement enroulés à l'aide d'épingles placées à la main. C'est une technique très complexe qui serait apparue au XIVe siècle à Bruges. La ville belge de Binche a produit les premiers et certains des plus beaux exemples de dentelle aux fuseaux, tandis que la dentelle **chantilly,** une variante développée en France et réalisée avec du coton noir, est restée pendant des années la spécialité de Grammont. Pour gagner du temps et éviter les erreurs, les fabricants bruxellois du XIXe siècle ont inventé la **dentelle à point coupé**, pour laquelle une série de plus petits motifs aux fuseaux sont cousus ensemble pour créer de plus grandes pièces. Parmi les styles les plus typiques, citons la **rosaline,** caractérisée par des motifs de rose brodés avec des perles, et la **duchesse,** avec des motifs de fleur et de feuille. De nos jours, la majorité de la dentelle est fabriquée à la machine, mais on peut encore admirer les dentellières à l'ouvrage au Kantcentrum ; pour savoir où acheter de la dentelle (plan p. 32 ; D5 ; p. 31). La dentelle fait un superbe souvenir à rapporter de Bruges (p. 31).

du temps. Partitions et guitares acoustiques. (📞050 33 25 75 ; www.rombaux.be ; Mallebergplaats 13 ; ☺14h-18h30 lun, 10h-12h30 et 14h-18h30 mar-ven, 10h-18h sam)

Olivier Strelli MODE
37 🅰 Plan p. 32, A8

La boutique du plus célèbre styliste belge fait la part belle aux écharpes colorées, aux chaussures et aux montres. (📞050 34 38 37 ; strelli.be ; Zuidzandstraat 11/13 ; ☺10h-18h lun-sam)

2-Be PRODUITS ARTISANAUX
38 🅰 Plan p. 32, C7

Grand choix de spécialités belges, allant de la bière aux biscuits, dans une élégante boutique du centre (à prix parfois exorbitants). Le "mur de bières" mérite le coup d'œil, de même que le bar en terrasse au superbe emplacement en bord de canal. Les bières pression (3 l, 19,50 €) sont les plus gargantuesques de Belgique. (www.2-be.biz ; Wollestraat 53 ; ☺10h-19h)

Explorer

Groeningemuseum et le sud

Les visiteurs qui viennent chaque année à Bruges considèrent souvent la ville comme un musée à ciel ouvert. C'est en particulier vrai dans ce quartier, qui concentre un grand nombre de bâtiments historiques, de galeries et d'églises. Et si l'architecture, les musées, les canaux et les places composent un paysage de carte postale, vous découvrirez aussi des bars conviviaux, de jeunes artisans et beaucoup d'authenticité.

L'essentiel en un jour

☀️ Commencez par un bain artistique, au **Groeningemuseum** (p. 46) d'abord, pour un aperçu de l'histoire de l'art belge, puis au **Memlingmuseum** (p. 48), qui présente six chefs-d'œuvre de Hans Memling. Votre billet d'entrée vous permettra de découvrir l'ancien hôpital qui l'abrite, ainsi qu'une pharmacie du XVIIᵉ siècle, qui l'un et l'autre méritent le détour.

☀️ Arrêtez-vous déjeuner à **Den Dyjver** (p. 56), où la nourriture est préparée avec la meilleure bière du pays. Pour digérer, offrez-vous une **croisière en bateau** (p. 53), l'occasion de voir Bruges sous un angle différent. Ensuite, flânez jusqu'au **béguinage** (**Begijnhof**, p. 50), dont la cour est un havre de paix, et visitez le petit musée qu'il abrite. Par beau temps, promenez-vous dans le parc Minnewater, et détendez-vous au milieu des plates-bandes de fleurs.

🌙 Pour un dîner agréable et décontracté, rendez-vous à **De Stoepa** (p. 56), niché dans une ruelle, qui sert de la bonne cuisine de bistrot. Ensuite, baladez-vous dans ce quartier résidentiel pour avoir une idée du "vrai" Bruges. Finissez en beauté par un concert de musique classique au **Concertgebouw** (p. 60), seul bâtiment moderne de la ville.

👁 Les incontournables

Groeningemuseum (p. 46)

Memlingmuseum (p. 48)

Béguinage (p. 50)

Le meilleur du quartier

Primitifs flamands

Groeningemuseum (p. 46)

Memlingmuseum (p. 48)

Musées

't Begijnhuisje (p. 51)

Diamantmuseum (p. 55)

Espaces verts

Minnewater (p. 56)

Béguinage (p. 50)

Comment y aller

🚆 **Train** Depuis la gare ferroviaire, comptez environ 20 minutes **à pied** pour gagner le centre de Bruges.

🚌 **Bus** Tous les **bus** indiquant "Centrum" desservent le Markt, d'où vous atteindrez rapidement le Groeningemuseum, au sud.

Les incontournables
Groeningemuseum

Ce musée, un des plus renommés de Bruges, n'est pas très grand, mais rassemble une collection impressionnante d'œuvres de primitifs flamands et de la Renaissance. On peut y admirer de très anciennes images de la ville de Bruges, ainsi que les travaux de Hieronymus Bosch, sans oublier la superbe *Vierge au chanoine Van der Paele* (1436) de Jan Van Eyck et le *Triptyque Moreel* (1484) de Hans Memling. Des artistes plus récents sont aussi présents, comme Fernand Khnopff, personnalité majeure du symbolisme belge, René Magritte et Paul Delvaux.

👁 Plan p. 52, D2

www.brugge.be

Dijver 12

Tarif plein/réduit 8/6 €

🕑 9h30-17h mar-dim

La Vierge au chanoine Van der Paele, Jan Van Eyck

À ne pas manquer

La ville comme client

La première salle présente de passionnantes images de Bruges, commandées par la ville elle-même. Une carte – qui s'apparente à une vue aérienne – montre Bruges au XVe siècle dans ses moindres détails, des moulins à vent aux voiliers dans le port. Le sinistre *Jugement de Cambyse* (1498) de Gerard David représente aussi la ville.

Primitifs flamands

On passe aux choses sérieuses dans la salle des primitifs flamands, remplie d'œuvres de Jan Van Eyck, de Rogier Van der Weyden, de Hans Memling et de Gerard David. Ces tableaux dépeignent la richesse de la ville avec un brillant réalisme artistique. La *Vierge du Maître au Feuillage en Broderie* est représentative de la période ; le beau tissu de la robe de la Vierge se mêle au "vrai" feuillage à ses pieds, avec un remarquable sens du détail. Les magnifiques portraits de Van Eyck sont aussi très intéressants.

Paysages urbains et paysages ruraux

Autre salle consacrée à la ville, avec des tableaux pittoresques de Jan Anton Garemijn, ainsi qu'une vision austère de la place du marché par Auguste Van de Steene.

Expressionnisme flamand

Ces œuvres des années 1920 témoignent de l'influence du cubisme et de l'expressionnisme allemand sur les artistes flamands. Les plus frappantes sont les représentations de la vie paysanne de Constant Permeke, dans *Le Mangeur de bouillie* et *L'Angelus*. Deux autres salles sont consacrées à la période moderne, qui se termine par des travaux des années 1960 et 1970 montrant l'influence de Magritte, le surréaliste.

☑ **À savoir**

▶ Comme la plupart des sites culturels en Belgique, le musée est fermé le lundi.

▶ La visite est gratuite avec la Bruges City Card (p. 161).

▶ Le musée est très fréquenté ; arrivez de bonne heure aux périodes de pointe.

▶ Si vous manquez de temps, concentrez-vous sur les primitifs flamands, point d'orgue du musée.

▶ Le travail des "primitifs" est très sophistiqué ; leur nom vient en fait du latin *primus* (premier), car ces artistes furent les premiers à adopter de nouvelles techniques picturales.

✕ **Une petite faim ?**

À la sortie du musée, une courte promenade le long du canal vous mènera à l'élégant restaurant Den Dyjver (p. 56), qui sert une excellente cuisine belge.

Les incontournables
Memlingmuseum

Dans la chapelle restaurée d'un hôpital du
XIIe siècle, le St-Janshospitaal (hôpital Saint-Jean)
contient divers instruments médicaux anciens et
des peintures en rapport avec la médecine, mais
il est plus connu pour le Memlingmuseum, qui
présente 6 chefs-d'œuvre du peintre du XVe siècle,
Hans Memling, notamment la superbe *Châsse de
sainte Ursule*. Né à Francfort, Memling a passé
la majeure partie de sa vie à Bruges. Votre billet
donne accès à la pharmacie (*apotheek*) restaurée
datant du XVIIe siècle, située dans le même corps
de bâtiment.

👁 Plan p. 52, C3

Mariastraat 38

adulte/enfant/tarif réduit
8 €/gratuit/6 €

🕘 9h30-17h mar-dim

St-Janshospitaal (hôpital Saint-Jean)

À ne pas manquer

Les peintures de Memling

La chapelle de l'hôpital abrite une collection restreinte mais inestimable d'œuvres de Hans Memling, qui luisent dans la faible lumière. La plus grande est le triptyque de saint Jean-Baptiste et saint Jean l'Évangéliste, commandée par l'église de l'hôpital pour son retable. Cherchez sainte Catherine (auprès de sa roue) et sainte Barbe, toutes deux assises aux pieds de la Vierge. Les œuvres profanes de Memling sont tout aussi fascinantes, tel le délicat *Portrait d'une jeune femme* (1480), dans lequel les mains du sujet reposent sur le cadre peint de son portrait.

La Châsse de sainte Ursule

Cette châsse de chêne doré ressemble à une cathédrale gothique miniature. Peinte par Memling, elle représente des scènes de la vie de sainte Ursule, avec notamment des paysages très réalistes de Cologne. La dévote Ursule était une princesse bretonne promise à un prince païen. Elle avait accepté de l'épouser à condition de pouvoir aller en pèlerinage à Rome (via Cologne) avec 11 000 vierges. Toutes ont été massacrées sur le chemin du retour par le roi des Huns, ainsi qu'Ursule et son fiancé.

Objets du St-Janshospitaal

L'hôpital Saint-Jean a été élégamment restauré afin de mettre en valeur les poutres apparentes du bâtiment du XIIe siècle et un éventail d'objets. Parmi eux figurent d'inquiétants instruments médicaux, des chaises à porteurs et une sinistre peinture d'un cours d'anatomie (1679).

☑ À savoir

▶ Achetez une Bruges City Card (p. 161) si vous visitez plusieurs musées ; avec réductions pour la location de véhicules, des spectacles et des restaurants.

▶ La boutique du musée vend un guide très complet sur les œuvres exposées (12,50 €).

▶ La pharmacie du XVIIe siècle, bel espace carrelé avec des rangées de flacons et une horloge à balancier, vaut le détour. Les cloîtres vitrés que vous traverserez sont magnifiques.

▶ La Salle du conseil d'administration, adjacente à la pharmacie, présente des portraits d'administrateurs en perruque et collerette.

✗ Une petite faim ?

Descendez Mariastraat jusqu'à l'intersection avec Katelijnestraat pour déguster les spécialités végétariennes de De Bron (p. 57).

Les incontournables
Béguinage

Le charmant béguinage de Bruges date du XIIIe siècle. Même si la dernière béguine a depuis longtemps disparu, ces jolies maisons chaulées, entourées de murs protecteurs et organisées autour d'un jardin, accueillent encore des nonnes bénédictines. Malgré les hordes de touristes en été, une sérénité totale émane de ce béguinage et, au printemps, le tapis de jonquilles ajoute au charme des lieux. Sur place, le charmant musée 't Begijnhuisje vous ouvre les portes d'une maison traditionnelle.

👁 Plan p. 52, B4

Wijngaardstraat

Entrée libre

🕐 6h30-18h30

Église du Béguinage

À ne pas manquer

't Begijnhuisje

Cette charmante maison du XVIIe siècle a été convertie en **musée** (Begijnhof, Wijngaardstraat ; adulte/enfant/senior 2/1/1,50 € ; 🕙10h-17h lun-sam, 14h30-17h dim). Dans la cuisine rustique ornée de carreaux de faïence de Delft bleu et blanc, vous découvrirez un poêle de Louvain qui se prolonge en dehors du foyer pour que les gens puissent s'asseoir autour. Le salon présente du chantilly noir (voir p. 34), tandis que dans l'austère chambre à coucher, vous pourrez admirer le portrait d'une béguine en costume traditionnel. Derrière la maison, vous trouverez un cloître en pierre tout simple avec un puits.

Église du béguinage

Cette église baroque présente un flamboyant maître-autel, des stalles du XVIIe siècle et des putti potelés ornant le pourtour du chœur. À l'extérieur, de hauts ormes encadrent la vue sur les maisons chaulées, et malgré les visiteurs souvent nombreux, la tranquillité des lieux reste intacte.

Le parc Minnewater

Surnommé "lac d'Amour", ce parc charmant offre un supplément de romantisme au quartier, avec de nombreux sentiers ombragés et bancs où se réfugier par une journée ensoleillée. Au Moyen Âge, c'est ici que les navires du monde entier déchargeaient leurs cargaisons de laine, vin, épices et soies.

☑ À savoir

▶ Devant le pont d'entrée (1776) du béguinage, vous trouverez des restaurants avec terrasse et des marchands de gaufres. Attention : les prix sont élevés.

▶ En face du pont, ne manquez pas la fontaine ; les têtes de chevaux sculptées crachent de l'eau, permettant aux conducteurs de calèche d'abreuver leurs chevaux.

▶ Le parc Minnewater est un endroit agréable pour pique-niquer.

▶ Photographiez le béguinage à l'aube ou au crépuscule pour une belle lumière.

✗ Une petite faim ?

Descendez une ruelle tranquille jusqu'à De Stoepa (p. 56) : cuisine simple dans une ambiance décontractée.

A · B · C · D

1

Ontvangersstr
Wulfhagestr
Haanstr
Helmstr
Kopstr
Zilverstr
St-Niklaasstr
Hallestr
Burg
Garre
Huiden-
vettersplein
Vismarkt
Canal
Tour
Braambergs†
17
Rozenhoedkaai
't Pandreitje
Waalsest
16
Wollestr
26
2
Noordzandstr
Dweersstr
Giststr
Kemelstr
Steenstr
Simon
Stevinplein
Oude Burg
Nieuwstr
Dijver
11
Eekhoutstr
Garenmarkt
27
19
23
Mariastr

2

't Zand
22
St-Salvatorskathedraal
Zuidzandstr
Korte Vuldersstr
5
Rijwielhandel
Erik Popelier
Heilige Geeststr
Arentshuis
Arentstr
Gruuthusestr
Gruuthuse
3
9
Hof Arents
4
13
Groeningemuseum
Hof
Arents
15

Goezeputstr
1
24
Onze-Lieve-
Vrouwekerk
Memlingmuseum
Groeninge
Nieuwe Gentweg

3

In & Uit
Brugge
21
Bakkersstr
Obrechtsstr
Westmeers
Oostmeers
Zonnekemeers
Canal
Cruises
18
Stoofstr
Brouwerij De
Halve Maan
8
Walstr
25
Kastanjeboomstr
7
6
Godshuis St-Jozef
& De Meulenaere
Oude Gentweg
Diamantmuseum
Walplein
14
Katelijnestr

4

Koning Albertlaan
R30
Eiland
12
Wijngaardstr
Begijnhof
Wijngaardplein
Noordstr
Minnewater
Minnewater
Park
10
Minnewater

Nos adresses

◉	Les incontournables	p. 46
◉	Voir	p. 53
✕	Se restaurer	p. 56
🍷	Prendre un verre	p. 58
✿	Sortir	p. 60
🔒	Shopping	p. 61

5

Stations-
Plein
Begijnenvest
Katelijnevest
Buiten Katelijnevest

N 0 ——————— 200 m

Voir

Onze-Lieve-Vrouwekerk ÉGLISE

1 ⊙ Plan p. 52, C2

Cette église du XIIIe siècle, vaste et un brin austère, est flanquée d'une énorme tour, actuellement "drapée" pour une complète rénovation. Elle est connue pour renfermer un marbre de Michel-Ange, la *Madone de Bruges* (1504), unique œuvre de ce type exécutée par l'artiste qui ait quitté l'Italie de son vivant. L'église abrite également l'*Adoration des bergers* de Pieter Pourbus. Dans l'abside, le **trésor** présente de splendides œuvres d'art du XVe et du XVIe siècle, ainsi que les beaux tombeaux en pierre et en bronze de Charles le Téméraire de Karel de Stoute, et sa fille, Marie de Bourgogne, dont le mariage fut un événement charnière. Les Pays-Bas se retrouvèrent en effet dans l'empire des Habsbourg, ce qui eut des conséquences considérables. (église Notre-Dame ; Mariastraat ; ⊙9h30-16h50 lun-sam, 13h30-16h50 dim)

Canal Tour CROISIÈRE EN BATEAU

2 ⊙ Plan p. 52, D1

Certes, il s'agit là d'une attraction très touristique, mais la découverte de la ville depuis l'eau offre une perspective complètement différente. En voguant le long de Spiegelrei en direction de Jan Van Eyckplein, on imagine aisément les marchands vénitiens qui entraient autrefois dans la cité et se retrouvaient sous la majestueuse tourelle de la Loge des Bourgeois (Poortersloge). (adulte/enfant 7,60/3,40 € ; ⊙10h-18h mars à mi-nov)

Arentshuis MUSÉE

3 ⊙ Plan p. 52, C2

Avec votre billet pour le Groeningemuseum, l'entrée est gratuite dans cette austère majestueuse maison patricienne du XVIIIe siècle, qui renferme les toiles et eaux-fortes de Frank Brangwyn (1867-1956), un artiste brugeois d'origine galloise. Ses représentations de la Première Guerre mondiale (il était peintre officiel de la guerre) sont saisissantes. (Dijver 16 ; adulte/tarif réduit/enfant 4/3 €/gratuit ; ⊙9h30-17h mar-dim)

Hof Arents PARC

4 ⊙ Plan p. 52, C2

Derrière l'Arentshuis, Hof Arents est un charmant petit parc où un pont piéton en dos d'âne, le **St-Bonifaciusbrug,** traverse le canal et offre une vue magnifique. Souvent surnommé "pont des amoureux", c'est ici que de nombreux Brugeois volent leur premier baiser. Ceux qui ont la chance de séjourner à la maison d'hôtes **Nuit Blanche** (☎0494 40 04 47 ; www.bb-nuitblanche. com ; Groeninge 2 ; 175-195 €) pourront apprécier le romantisme des lieux éclairés par la lune après la fermeture. (entrée libre ; ⊙7h-22h avr-sept, 7h-21h oct-mars)

Comprendre

Les primitifs flamands

La riche tradition picturale belge s'épanouit au XVe siècle à Bruges, avec des peintres rassemblés sous le nom de "**primitifs flamands**". Tous n'étaient pas flamands et leur travail était tout sauf primitif. En fait, ce terme dérive du latin *primus*, qui signifie "premier" et souligne le caractère novateur et expérimental de leur approche. Ils introduisent en effet une nouvelle technique, la peinture à l'huile sur panneaux de chêne, en superposant de fines couches de peinture pour donner plus d'éclat aux couleurs, et un grand sens du détail.

Leur utilisation lumineuse de la couleur et leurs représentations méticuleuses de sujets profanes exercent une influence considérable sur l'art européen. Figure de ce mouvement, **Jan Van Eyck** (vers 1390-1441) fait fortune comme peintre mais aussi comme valet de chambre grassement payé auprès des puissants ducs de Bourgogne. Il vit à Bruges, et le Groeningemuseum (p. 46) conserve certaines de ses plus belles toiles, notamment un portrait de sa femme. Autres noms importants, **Rogier Van der Weyden** (vers 1400-1494) et le Hollandais **Gerard David** (vers 1460-1523) passent tous deux une grande partie de leur vie à Bruges.

Hans Memling (vers 1440-1494) est une autre personnalité majeure de la période. Il serait arrivé à Bruges de Cologne vers l'âge de 25 ans. Il est alors un peintre déjà accompli, après une période de formation à Bruxelles auprès de Rogier Van der Weyden. Memling devient rapidement un favori des bourgeois de la ville. Il s'associe également avec l'hôpital Saint-Jean, qui lui commande deux superbes tableaux religieux exposés aujourd'hui au Memlingmuseum (p. 48). Ce dernier abrite aussi la *Châsse de sainte Ursule*, un des plus beaux trésors de Bruges.

Contemporain des primitifs, **Hieronymus Bosch** (vers 1450-1516) travaille principalement aux Pays-Bas, même si la distinction entre peinture hollandaise et flamande est quelque peu artificielle, car jusqu'à la fin du XVIe siècle, la Belgique et les Pays-Bas sont unis, et les artistes passent fréquemment d'une cour royale ou d'une ville à une autre. Ses peintures les plus fascinantes sont des paraboles visuelles cauchemardesques, remplies de bêtes horribles et de créatures diaboliques dévorant ou torturant des humains agonisants. L'œuvre de Bosch a beaucoup influencé le grand peintre flamand du XVIe siècle, **Pieter Bruegel l'Ancien**. Des tableaux de Bosch et de Bruegel sont visibles au Groeningemuseum (p. 46).

St-Salvatorskathedraal

CATHÉDRALE

5 Plan p. 52, B2

Plusieurs tourelles surmontent l'énorme tour centrale de la cathédrale Saint-Sauveur, datant du XIIIe siècle. De jour, l'édifice paraît un brin austère, mais une fois illuminé à la tombée de la nuit, il est fascinant. L'intérieur, immense et simple, malgré les tapisseries anciennes. Sous la tour, un sol vitré révèle des tombes peintes. Le **trésor** (Steenstraat ; adulte/enfant 2/1 € ; ☉14-17h dim-ven) mérite un coup d'œil, avec des cuivres du XVe siècle et un triptyque de 1559 peint par Dirk Bouts. (Steenstraat ; ☉14h-17h45 lun, 9h-12h et 14h-17h45 mar-ven, 9h-12h et 14h-15h30 sam-dim)

Godshuis St-Jozef et De Meulenaere

MONUMENT

6 Plan p. 52, D3

Un des plaisirs de la marche à pied à Bruges consiste à tomber par hasard sur un ensemble de *godshuizen* (maisons-Dieu). L'une des plus charmantes et centrales est Godshuis St-Jozef et De Meulenaere. Entrez par les grandes portes noires. (Nieuwe Gentweg 24)

Diamantmuseum

MUSÉE

7 Plan p. 52, C3

Au Moyen Âge, avant qu'Anvers ne devienne la capitale belge du diamant, c'est à Bruges que revenait ce titre. Cet intéressant musée propose une démonstration de polissage (démonstrations 12h15 et 15h15) d'un diamant brut de 252 carats, moyennant un supplément de 3 €. (musée du Diamant ; ☏ 050 34 20 56 ; www.diamondmuseum.be ; Katelijnestraat 43 ; adulte/senior et étudiant 8/7 € ; billet combiné avec Choco-Story 14 € ; ☉10h30-17h30)

Brouwerij De Halve Maan

BRASSERIE

8 Plan p. 52, C3

Fondée en 1856, bien qu'une brasserie existât déjà sur le site depuis 1564, voici la dernière *brouwerij* (brasserie) familiale du centre de Bruges encore en activité. Des **visites guidées** (45 minutes) (visites 8 € ; ☉11h-16h, jusqu'à 17h sam) sont organisées toutes les heures. Elles incluent une dégustation de bière et affichent parfois complet. Si c'est le cas, vous pourrez néanmoins goûter leur excellente *Brugse Zot* (7%) ou la *Straffe Hendrik* (9%) dans le charmant café-brasserie. (☏050 33 26 97 ; www.halvemaan.be ; Walplein 26 ; ☉ 10h30-18h, fermé 2 semaines mi-janv)

Gruuthuse

MUSÉE

9 Plan p. 52, C2

Ce musée doit son nom au mélange de fleurs et d'herbes (*gruut*) qui servait à parfumer la bière avant la culture du houblon. L'entrée romantique, située dans une cour entourée de murs couverts de lierre et de tours fascinantes, est peut-être plus intéressante que l'intérieur, consacré aux Arts décoratifs. La vue étonnante depuis la fenêtre de l'oratoire, à l'étage, sur l'abside de la Onze-Lievevrouwekerk mérite un coup d'œil. (Dijver 17 ; adulte/tarif réduit 8/6 € ; ⏱9h30-17h mar-dim)

Minnewater   CANAL

10 Plan p. 52, C4

Surnommé le "lac d'Amour", le Minnewater évoque la Bruges médiévale. Ce canal était alors un quai où des navires en provenance de pays aussi lointains que la Russie arrivaient remplis de cargaisons de laine, de vin, d'épices et de soies, et repartaient chargés de draperie flamande.

Se restaurer

Den Dyjver   BELGE €€

11 Plan p. 52, D1

Le Den Dyjver est un pionnier de la grande cuisine préparée avec de la bière. On accorde ici la bière que l'on boit avec celle dont le chef s'est servi pour créer la sauce du plat. Mais l'endroit n'a rien d'un pub : la bière est servie dans des verres à vin, les tables sont couvertes de nappes blanches amidonnées, et l'ambiance est au raffinement bourguignon. Le menu déjeuner inclut les *amuse-bouche*, le café et les mignardises. (☑050 33 60 69 ;

www.dyver.be ; Dijver 5 ; plats 17-32 €, menu dégustation 49 € ; ⏱12h-14h et 18h30-21h30 ven-lun)

De Stoepa   BISTROT €€

12 Plan p. 52, B4

Un petit bijou caché dans un paisible quartier résidentiel, avec une décoration d'inspiration bouddhique. Statues orientales, murs couleur ocre, poêle en métal, sols et mobilier en bois créent une ambiance chaleureuse mais élégante. Et, cerise sur le gâteau, il y a aussi un jardin verdoyant. Cuisine de bistrot haut de gamme. (☑050 33 04 54 ; www.stoepa.be ; Oostmeers 124 ; ⏱12h-14h et 18h-minuit mar-sam, 12h-15h et 18h-23h dim)

Den Gouden Harynck   EUROPÉEN €€€

13 Plan p. 52, C2

Derrière une façade couverte de lierre, ce restaurant dépouillé étoilé au Michelin est unanimement salué et ne coûte pas aussi cher que certains de ses concurrents plus connus. La situation est idéale, à la fois centrale et protégée. Parmi les plats, exquis, citons la noix de chevreuil au lard blanc (lardo di Colonnata) et à la compote de coings, ou le filet de daurade royale en croûte de graines. (☑050 33 76 37 ; www.dengoudenharynck.be ; Groeninge 25 ; plats 38-46 €, menu déj 45 €, dîner en semaine 60 €, menu surprise 89 € ; ⏱12h-13h30 et 19h-21h mar-ven, 19h-21h sam)

Minnewater

De Bron   VÉGÉTARIEN €

14 Plan p. 52, D3

La queue se forme dès l'ouverture
de ce restaurant au toit vitré, où l'on
vient déguster des plats végétariens
directement *de bron* (à la source). Les
portions sont petites, moyennes ou
grandes et les soupes sont délicieuses
(celle à la citrouille est un régal). Plats
végétaliens à la demande. (📞 050 33
45 26 ; Katelijnestraat 82 ; à partir de 5€ ;
🕙 11h45-14h lun-ven ; 🍴)

Christophe   BELGE €€

15 Plan p. 52, D2

Un petit restaurant sympathique et
ouvert tard le soir, avec des tables en
marbre et un bon choix de spécialités
flamandes comme les crevettes de
Zeebrugge. Excellente adresse où
s'attarder en soirée. (📞 050 34 48 92 ;
www.christophe-brugge.be ; Garenmarkt 34 ;
plats 17-30 € ; 🕙 18h-1h jeu-lun)

Bistro Arthies   BISTROT €€

16 Plan p. 52, C1

Cet établissement est tenu par Arthies,
un décorateur d'intérieur haut en
couleur. Il utilise une horloge à
rétroprojection, des vases géants de
fleurs noires et des lampes originales
pour créer une ambiance non
conformiste mais à la pointe de la
mode. Un menu complet à 18 € est servi
toute la journée. (📞 050 33 43 13 ; www.
arthies.com ; Wollestraat 10 ; plats/moules à
partir de 17 € ; 🕙 12h-22h mer-lun)

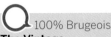 100% Brugeois

The Vintage

Pour une expérience un peu différente, prenez un verre à **The Vintage** (Plan p. 52, B2 ; 050 34 30 63 ; www.thevintage.be ; Westmeers 13 ; 11h-1h lun, mar et jeu, 11h-2h ven-sam, 12h-1h dim). Étonnamment branché pour Bruges, ce bar propose un cadre agréable inspiré des années 1960 et 1970, avec une Vespa d'époque suspendue au plafond. La terrasse ensoleillée est idéale pour siroter une Jupiler. Attention, les soirées à thème peuvent se révéler très animées.

't Ganzespel
BELGE €

17 Plan p. 52 D1

Pour un dîner dans l'ambiance intimiste d'une ravissante maison ancienne à pignons. Le propriétaire sert les classiques belges comme les boulettes de viande et la *kalfsblanket* (blanquette de veau), ainsi que des plats de pâtes. L'étage abrite 3 chambres d'hôtes très singulières (double 55 € à 85 €), dont une avec douche musicale. (050 33 12 33 ; www.ganzespel.be ; Ganzenstraat 37 ; plats à partir de 9,50 € ; ⏱18h-22h ven-dim)

De Proeverie
SALON DE THÉ €

18 Plan p. 52, C3

Un salon de thé désuet, mais charmant, qui sert un bon choix de thés, des chocolats chauds bien crémeux, des milk-shakes et de délicieux desserts maison comme la crème brûlée, la mousse au chocolat et le *"merveilleux"*. Le café s'accompagne de généreuses friandises. (050 33 08 87 ; www.deproeverie.be ; Katelijnstraat 5-6 ; à partir de 5 € ; 9h30-18h)

Prendre un verre

't Brugs Beertje
PUB

19 Plan p. 52, B1

Célèbre à Bruges, en Belgique et par-delà les frontières pour ses centaines de bières belges, ce beau café brun est décoré d'anciennes affiches publicitaires. Certains habitués font partie du décor. (www.brugsbeertje.be ; Kemelstraat 5 ; ⏱16h-minuit lun, jeu-dim, jusqu'à 1h ven-sam)

Cafédraal
BAR

20 Plan p. 52, B2

Attenant à un restaurant de poisson et fruits de mer haut de gamme (plats 25 € à 48 €), ce remarquable bar à cocktails est entouré de haies de hêtres et de maisons à pignons en brique rouge. Il présente ses bouteilles dans des niches dorées. Délicieusement chic. (050 34 08 45 ; www.cafedraal.be ; Zilverstraat 38 ; bière/vin/cocktails à partir de 2,80/5/10 € ; ⏱18h-1h mar-jeu, 18h-3h ven-sam)

Comprendre

Béguinages et maisons-Dieu

Au XIIe siècle, nombreux étaient les hommes des Pays-Bas à partir en croisade en Terre sainte et à ne jamais en revenir. Seules et sans protection, leurs épouses rejoignaient alors souvent un ordre religieux. Mais intégrer un couvent nécessitait de renoncer à ses biens et même à son nom. Un compromis, très apprécié des veuves fortunées, consistait à devenir une béguine (*begijn* en flamand). Ces sœurs laïques prononçaient des vœux catholiques, notamment d'obéissance et de chasteté, mais pouvaient conserver leur fortune personnelle. Elles habitaient un **béguinage** (*begijnhof* en flamand) indépendant : un ensemble de maisons construites autour d'un jardin et d'une église et entourées de murs protecteurs. Les terres (souvent situées à la périphérie des villes) étaient généralement prêtées par un seigneur féodal pieux, mais une fois établies, ces communautés exclusivement féminines vivaient en autarcie. La plupart possédaient une ferme et un jardin potager, et gagnaient des revenus supplémentaires grâce à la dentelle ou à des bienfaiteurs qui payaient les béguines afin qu'elles prient pour eux. Au XVIe siècle, le protestantisme grandissant de la Hollande signa la disparition de la plupart des béguinages hollandais. En revanche, la Flandre, sous domination espagnole, était aux mains de catholiques fervents qui réorganisèrent les communautés. Les nouveaux béguinages s'apparentaient davantage à des hospices et bénéficiaient de financements beaucoup plus importants. À partir de 1583, l'archevêque de Mechelen établit un règlement officiel et un "uniforme" pour les béguines qui, à une époque, constituaient près de 5% de la population féminine de Flandre.

Les béguinages étaient au nombre de 1 500 en Belgique au début du XXe siècle. Aujourd'hui, le pays ne compte plus qu'une seule béguine : Marcella Pattyn, à Kortrijk, un des 14 béguinages de Flandre inscrits sur la liste du patrimoine mondial de l'Unesco. Ils sont tous magnifiquement préservés, et celui de Bruges est l'un des plus beaux.

Similaires aux béguinages mais généralement plus petites, les maisons-Dieu (*godshuizen* en flamand) sont des maisons munies de volets, en brique rouge ou chaulées, organisées autour d'un petit jardin. Construites à l'origine par des guildes de marchands pour leurs membres ou de riches donateurs pour fournir un toit aux miséreux, de nos jours, ce sont des endroits idéaux pour se détendre si vous osez pousser leurs portes souvent fermées. Bruges en abrite pas moins de 46.

Comprendre
Les bières belges

La bière est ici bien plus que l'ingrédient clé d'une bonne soirée entre amis. Elle est à la Belgique ce que le vin est à la France : une boisson à savourer en prenant le temps d'apprécier ses caractéristiques et ses saveurs uniques. Goûter toute la production locale prendrait un certain temps, puisqu'on estime qu'un millier de bières différentes sont brassées dans le pays. À chacune est attaché un verre au logo de la marque (indiquant le niveau où commence le col de mousse), à la forme conçue pour en rehausser la saveur et les arômes, d'où des façons différentes de servir chaque bière.

Ce sont des congrégations religieuses qui, les premières, ont concocté ces joyaux de la brasserie internationale. Les onctueuses bières trappistes aux couleurs or plus ou moins sombres (6 à 12% d'alcool) sont produites depuis des siècles par des moines de l'ordre cistercien. Aujourd'hui, la moyenne d'âge des moines est de 70 ans ; les nouvelles recrues sont rares, et seules trois abbayes continuent de brasser en Flandre.

La Belgique aussi a son "champagne", le lambic (*lambiek* en flamand), dont la fabrication peut prendre jusqu'à trois ans. Le secret ? Une fermentation spontanée causée par des levures sauvages lors du refroidissement à l'air libre. Le lambic le plus apprécié est la gueuze, qui évoque le cidre. Les lambics fruités, comme la kriek à la cerise ou la framboise, sont moins amers.

On peut leur préférer les bières blanches (*witbier* en flamand), comme la Brugs Tarwebier à Bruges. Ces blanches sont délicieuses en été : on les déguste fraîches avec une rondelle de citron, contrairement à la plupart des bières belges, meilleures à température ambiante.

La Belgique produit également des blondes (avec en tête la Duvel), des bières dites d'abbaye (puissantes et fortes comme la Leffe, brassées selon les techniques originales des moines mais pas dans les abbayes), les Vlaams Rood (rouges flamandes, vieillies en fûts) et les amères Oud Bruin ("vieilles brunes", assemblages de bières jeunes et vieilles, avec fermentation secondaire en bouteille).

Sortir

Concertgebouw   SALLE DE CONCERTS
21 Plan p. 52, A3

Cette étonnante salle de concerts contemporaine est l'œuvre des architectes Paul Robbrecht et Hilde Daem, qui se sont inspirés des trois célèbres tours de la ville et de la brique rouge. La scène accueille du théâtre, de la musique classique et de la danse. Les billets peuvent être achetés à l'office du tourisme, situé au niveau de la rue. (☎ 050 47 69 99 ; www.concertgebouw.be ; 't Zand 34 ; billets à partir de 10 €)

Cactus Muziekcentrum CONCERTS

22 Plan p. 52, A2

Ce petit établissement est l'adresse phare de Bruges pour la musique contemporaine et les musiques du monde. Des groupes et des DJ y sont régulièrement reçus et on y organise des festivals, entre autres le **Cactus Music Festival** (www.cactusfestival.be), qui se tient en juillet dans le parc Minnewater, à l'extrémité sud de la ville (☎050 33 20 14 ; www.cactusmusic.be ; Magdalenastraat 27).

Shopping
Chocolate Line CHOCOLATS

23 Plan p. 52, B2

Si Bruges compte 50 boutiques de chocolat, 5 seulement sont aussi des chocolateries. Et Chocolate Line est la meilleure d'entre elles. Parmi les saveurs audacieuses élaborées par Dominique Persoone, qui se revendique comme "Shock-O-Latier", citons le Coca-Cola amer, le Cigare cubain, le wasabi ou le trio olive noire, tomate, basilic. On y vend aussi des pots de chocolats qui sont des soins pour les corps (avec un pinceau). (☎050 34 10 90 ; www.thechocolateline.be ; Simon Stevinplein 19 ; par kilo 50 € ; ⏱10h-18h)

Zucchero CONFISERIE

24 Plan p. 52, C2

Une merveilleuse confiserie à la décoration fuchsia qui ne passe pas inaperçue. On y vend une multitude de caramels, de bonbons et de glaces, et l'on peut voir les jeunes propriétaires couper eux-mêmes les bâtons de sucettes. (☎050 33 39 62 ; www.confiserie-zucchero.be ; Mariastraat 18 ; ⏱10h-18h mar-sam, 11h-18h dim)

De Striep BD

25 Plan p. 52, C3

Dénichez les superbes guides illustrés de Thibaut Vandorselaer dans cette boutique de BD haute en couleur. Large choix d'ouvrages en flamand et en français. Vous trouverez des BD dont l'histoire se déroule à Bruges à côté de la caisse. (☎050 33 71 12 ; www.striepclub.be ; Katelijnestraat 42 ; ⏱10h-12h30 et 13h30-19h mar-sam, 14h-18h dim)

Mille-Fleurs ARTICLES POUR LA MAISON

26 Plan p. 52, D1

Un choix étourdissant de tapisseries flamandes fabriquées à la machine près de Wetteren. L'endroit vaut le détour si vous avez envie de rapporter un petit bout de Belgique chez vous. On y vend aussi des plaids, des coussins, des tapis, des napperons, des sacs et des porte-monnaie. (☎050 34 54 54 ; www.millefleurstapestries.com ; Wollestraat 33)

Zilverpand ZONE MARCHANDE

27 Plan p. 52, B1

Zone marchande couverte entre Steenstraat et Noordzandstraat.

Les incontournables
Côte belge

Comment y aller

🚆 Un rapide trajet en train (ou de 50 minutes à vélo) permet de rejoindre le littoral, long de 66 km.

🚋 Sur la côte, les tramways desservent 70 localités et stations balnéaires.

La quasi-totalité des 66 km de la côte belge est ourlée de vastes plages de sable. S'il subsiste quelques dunes, le littoral est majoritairement le fief des stations balnéaires comme De Haan, bijou de style Belle Époque. Hors saison, elles sont souvent désertes. Ostende est animée toute l'année car elle accueille régulièrement congrès et événements divers. Le musée Paul Delvaux rend hommage au peintre surréaliste, et le parc d'attractions Plopsaland fait la joie des enfants.

Les joies de la plage, Ostende

À ne pas manquer

Ostende
Une longue promenade jalonnée de restaurants et salons de thé surplombe sa plage de sable. Elle fut la dernière cité "belge" à résister à la Reconquête espagnole et fut ravagée par quatre ans de siège (1600-1604). Plus tard, elle s'épanouit et prospéra comme l'une des plus élégantes stations balnéaires d'Europe. Élégance mise à mal pendant la Seconde Guerre mondiale, lorsque les forces d'occupation allemandes construisirent le mur de l'Atlantique.

De Haan, station balnéaire Belle Époque
De Haan (Le Coq) est la plus petite station balnéaire de Belgique, mais aussi la plus charmante. D'élégants hôtels à colombages, des restaurants et des boutiques de bon goût forment un séduisant ensemble autour de l'ancienne station de tramway qui abrite l'office de tourisme. Normandiëlaan mène à l'ouest vers de belles demeures chaulées et à toit de chaume.

Musée Paul Delvaux
Ce musée occupe une jolie villa chaulée, résidence et atelier de Paul Delvaux (1897-1994). Découvrez sa peinture, subtil détournement de la perspective et évocation rêveuse de l'"inconscient poétique". De l'arrêt de tramway Koksijde St-Idesbald, longez la rue principale en direction de De Panne, puis suivez les panneaux vers l'intérieur des terres (environ 1 km en tout). Ravissant café en plein air.

Plopsaland
Un arrêt du Tram du Littoral (Kusttram) situé entre Adinkerke et le centre de De Panne dessert Plopsaland, grand parc d'attractions tournant autour de Wizzy, Woppy et Plop le gnome, des personnages de dessins animés de la télévision belge.
www.delvauxmuseum.com

www.plopsa.be/plopsaland-de-panne/fr

☑ **À savoir**

▶ Chaque localité compte un large éventail d'hébergements. Toutefois, le nombre de réservations est tel qu'il reste difficile de trouver une chambre en été.

▶ Furnes (Veurne), dans l'intérieur des terres, possède une place médiévale belge typique.

▶ C'est à Ostende que Marvin Gaye a écrit son tube *Sexual Healing*.

✗ **Une petite faim ?**

Des restaurants/salons de thé couvrant une large gamme de styles et de prix sont alignés sur la promenade à l'ouest du Kursaal (palais des Congrès) d'Ostende. On trouve quantité d'autres restaurants de poisson et fruits de mer dans Visserkaai. Le marché a lieu le jeudi.

Explorer

Grand-Place et Îlot sacré

C'est sur la Grand-Place, flanquée de demeures à pignons construites par les guildes des marchands et d'un hôtel de ville gothique du XVe siècle, que bat le cœur de Bruxelles. Au XIIe siècle, c'était la place du marché ; les noms des ruelles environnantes évoquent d'ailleurs encore herbes, fromages ou volailles. Tout près se trouvent des galeries marchandes et le fameux Manneken Pis, si emblématique de Bruxelles.

L'essentiel en un jour

 La **Grand-Place** (p. 66) et ses superbes maisons rehaussées de dorures s'imposent pour entamer la découverte de la ville dont on découvre l'histoire au **musée de la Ville de Bruxelles** (p. 74). Rendez-vous ensuite au **musée du Costume et de la Dentelle** (p. 72). Si votre budget vous le permet, faites une pause-déjeuner à **La Maison du Cygne** (p. 78).

Traversez les majestueuses **galeries royales Saint-Hubert** (p. 75) sur les traces de Victor Hugo, puis mettez le cap sur le **Centre Belge de la Bande Dessinée** (p. 68), installé dans un ancien grand magasin de style Art nouveau dessiné par Victor Horta. En attendant l'heure du repas, accordez-vous une bière à l'irrésistible **Théâtre royal de Toone** (p. 83).

Dînez tranquillement sur fond de piano live au **Cercle des Voyageurs** (p. 77), en profitant de l'occasion pour jeter un rapide coup d'œil au fameux **Manneken Pis** (p. 72) voisin. Après quoi, direction le **Music Village** (p. 83) pour un concert de jazz ou **Le Cirio** (p. 78) pour commander le typique *half-en-half* (moitié vin, moitié mousseux). Enfin, regagnez la Grand-Place pour la voir tout illuminée.

Les incontournables

Grand-Place (p. 66)

Centre Belge de la Bande Dessinée (p. 68)

♥ Le meilleur du quartier

Cuisine gastronomique
L'Ogenblik (p. 77)

La Maison du Cygne (p. 78)

Sea Grill (p. 78)

Bars à musique
Le Cercle des Voyageurs (p. 77)

Music Village (p. 83)

Art Base (p. 84)

Cinéma
Actor's Studio (p. 84)

Cinéma Galeries (p. 83)

Comment y aller

M Métro Ce quartier central est facilement accessible depuis les stations de métro De Brouckère, Gare Centrale et Rogier.

Prémétro La station de prémétro Bourse est à quelques rues au nord-ouest de la Grand-Place.

Les incontournables
Grand-Place

La magnifique Grand-Place compte parmi les
ensembles urbains les plus remarquables d'Europe.
Curieusement enclavé, cet espace recouvert de
pavés ne se dévoile qu'en débouchant de l'une des
six ruelles latérales : la rue des Harengs offre la
plus belle approche. Si l'hôtel de ville gothique du
XVe siècle, doté d'un beffroi, constitue le monument
phare, les maisons des guildes bâties pour l'essentiel
entre 1697 et 1705 ont chacune leur charme
propre. Ces édifices à pignons baroques arborent
avec ostentation statues dorées et symboles des
corporations auxquelles ils appartenaient.

👁 Plan p. 70, C6

Ⓜ Gare Centrale

Grand-Place

À ne pas manquer

Hôtel de ville

Construit entre 1444 et 1480, le flamboyant **hôtel de ville** fut l'un des seuls monuments de la Grand-Place à échapper au bombardement français de 1695. Des gargouilles gothiques ornent sa façade en pierre ainsi que des bas-reliefs représentant des membres de la noblesse. Une statue dorée de saint Michel, patron de Bruxelles, surmonte son gracieux beffroi haut de 96 m.

Maison du Roi

Cette imposante fantaisie d'arches néogothiques, de statues et de petites flèches a deux siècles de moins que les maisons des corporations alentour. Autrefois marché au pain médiéval, l'actuel chef-d'œuvre date de 1873 et renferme le **musée de la ville de Bruxelles** (p. 74) qui illustre l'histoire de la ville à travers des cartes, des vestiges architecturaux et des peintures. Ne manquez pas le *Cortège de Noces* (1567) de Bruegel l'Ancien, ni les 760 costumes du Manneken Pis (p. 72).

Maisons des corporations

Parmi les plus belles, avec leur numéro sur la place et la guilde à laquelle elles appartenaient : **La Louve** (5 ; archers), dont le phénix doré symbolise la renaissance de la Grand-Place après le bombardement ; **Le Cornet** (6 ; bateliers), et son pignon en forme de poupe de navire ; **Le Cygne** (9 ; bouchers), où Karl Marx fut hébergé en 1847, et **L'Arbre d'or** (10 ; brasseurs), décoré de houblon sculpté, qui accueille le petit musée de la Brasserie.

Maison des Ducs de Brabant

Cet ensemble de sept maisons datant de 1698, derrière une même façade monumentale remaniée en 1770, a été restauré à la fin du XIXe siècle.

☑ À savoir

▶ Des circuits à vélo (p. 158) et à pied partent de l'office du tourisme à 10h et 15h respectivement.

▶ La place revêt un aspect différent selon les moments de la journée. Visitez-la plusieurs fois et ne manquez pas la magie de ses illuminations nocturnes.

▶ Un marché aux fleurs se tient les mardi, mercredi et vendredi matin.

▶ L'endroit accueille les manifestations les plus diverses, des marchés de Noël aux concerts en passant par un "tapis de fleur" tous les deux ans en août.

✕ Une petite faim ?

Prenez le thé ou une glace dans la célèbre biscuiterie Dandoy (p. 77), tout près de la Grand-Place.

Les incontournables
Centre Belge de la Bande Dessinée

Ce musée national de la BD donne un aperçu complet de l'évolution du neuvième art, sa fabrication, ses œuvres et ses artistes fondateurs ainsi que des créateurs d'aujourd'hui. Le bâtiment, d'anciens magasins de tissus inondés de lumière, conçu en 1906 par l'architecte Art nouveau Victor Horta, justifie à lui seul le détour. Vaste boutique-librairie et café agréable.

👁 Plan p. 70, E3

www.comicscenter.net

Rue des Sables 20

adulte/tarif réduit
10/6,50 €

🕐 10h-18h mar-dim

Ⓜ Rogier

Centre Belge de la Bande Dessinée

À ne pas manquer

La naissance de la BD

Le musée fait remonter la genèse du neuvième art jusqu'aux mosaïques antiques et considère que les manuscrits médiévaux enluminés, avec leurs bandes historiées et leurs bulles, furent ses précurseurs. La chronologie s'arrête aussi, entre autres, sur des illustrations de quotidiens new-yorkais du XIXe siècle.

Le musée de l'imagination

L'endroit fait la part belle à Tintin, star incontestée de la BD belge. Le personnage créé par Hergé est présenté comme un "Monsieur tout-le-monde" physiquement neutre qui peut se transformer tour à tour en grand-mère, en Indien enturbanné ou en vieux sage à barbe blanche. Par contraste, le versatile capitaine Haddock incarne les émotions incontrôlées. Quant au professeur Tournesol, il égaye souvent l'intrigue de ses malentendus et comportements bizarres. Parmi les autres artistes nationaux traités plus succinctement figure Peyo, l'auteur des *Schtroumpfs*.

Le bâtiment de Victor Horta

Conçu en 1906 pour abriter les grands magasins de tissus Waucquez, cet édifice d'une belle sobriété possède une ossature métallique, des colonnettes en fonte et une verrière laissant pénétrer la lumière. En entrant, le visiteur est accueilli par une maquette de la fusée rouge et blanc d'*Objectif Lune* qui se détache sur la pierre claire. À droite, une petite exposition retrace la construction, le déclin et la restauration du bâtiment.

☑ À savoir

▸ Il n'y a pas de droit d'entrée à payer pour admirer le hall central ou boire un espresso (2,20 €) au café du musée.

▸ Les expositions temporaires au dernier étage sont consacrées à la BD internationale.

▸ Faites un tour à la boutique, qui vend essentiellement des livres, dont les classiques albums de *Tintin* et des *Schtroumpfs* ainsi que des mangas et des ouvrages d'heroic-fantasy.

▸ Une bibliothèque spécialisée dans la BD se trouve à côté.

✗ Une petite faim ?

La Brasserie Horta (www.brasseriehorta.be ; rue des Sables 20 ; plats 14-18 € ; 12h-15h mar-dim ; Ⓜ Rogier) sert des classiques de la cuisine belge dans un cadre attrayant.

Nos adresses

- ◉ Les incontournables p. 66
- ◉ Voir p. 72
- ⊗ Se restaurer p. 76
- ◉ Prendre un verre p. 78
- ◉ Sortir p. 83
- ▣ Shopping p. 86

200 m

Centre Belge de la Bande Dessinée

Rogier Ⓜ

R des Cendres
R du Méiboom
R des Sables
Bd de Berlaimont
R du Marais
R de la Blanchisserie
R du Damier
R du Persil
Montagne aux Herbes Potagères
R de Malines
R St Pierre
Blvd Adolphe Max
R Neuve
R aux Choux
Pl des Martyrs
R St-Michel
R d'Argent
R des Boiteux
R Léopold
Pont-Neuf
R du Finistère
R de la Fiancée
Blvd Emile Jacqmain
R aux Fleurs
R du Cirque
R Van der Elst
R des Hirondelles
Pl de Brouckère
De Brouckère Ⓜ
R du Fossé aux Loups
R des Princes
R de la Reine
Pl de la Monnaie
R de l'Écuyer
R des Fripiers
R de l'Evêque
R Grétry
Blvd Anspach
R de l'Épargne
R du Pélican
R du Canal
Q aux Pierres de Tailles
R de Laeken
Pl du Béguinage
R du Grand-Hospice
R du Rouleau
Ste-Catherine
Pl du Samedi
R du Peuplier
STE-CATHERINE
R des Augustins
R des Halles
R du Marché aux Poulets
R de la Vierge Noire
R J Plateau
R Melsens
Pl Ste-Catherine
R Ste-Catherine
Marché aux Poissons
Q au Bois à Brûler
Q aux Briques

58 45 22 54 60 38 50 51 59 36 37 15 31 16 34 44

Banque
National

R du Bois Sauvage

Cathédrale
Sts-Michel-et-Gudule

R des Colonies

R Ravenstein

R de Loxum

R de Cardinal Mercier

R Ravenstein

Visit Brussels

Pl Royale

Use-It

R Montagne de la Cour

R de l'Arenberg

Galerie des Princes

R d'Arenberg

Blvd de l'Impératrice

Carr de l'Europe

Bruxelles-Central

Pl de l'Albertine

SABLON

Galerie St-Hubert

R des Bouchers

R de la Montagne

Pl d'Espagne

R de l'Infante Isabelle

R de la Madéleine

Pl de la Justice

R Lebeau

Galerie du Roi

Galeries St-Hubert

ÎLOT SACRÉ

Galerie de la Reine

R du Marché aux Herbes

R du Marché aux Fromages

R des Chapeliers

Underpant Museum

R Dublin

R St-Jean

R de l'Hôpital

Blvd de l'Empereur

Pl de Dinant

R de Dinant

R des Dominicains

Pis

R de la Fourche

Petite R

R des Bouchers

R de l'Écuyer

R des Éperonniers

R du Marché aux

R de la Violette

Pl St-Jean

Pl de la Vieille Halle aux Blés

R de l'Escalier

Musée de Jean Henri Pis

la Fidélité

Église St-Nicolas

R au Beurre

Brussels City Museum Visit

Grand-Place

R de la Brasserie

R du Lombard

Fondation Jacques Brel

R du Chêne

Pl de Dinant

R des Alexiens

R d'Accolay

Pl de la Bourse

Bourse

R de la Bourse

R de Tabora

Bourse

R au Beurre

R de la Tête d'Or

R de l'Amigo

Musée du Cacao et du Chocolat

Musée du Costume et de la Dentelle

R Charles Buls

R du Poinçon

R Henri Maus

Bruxella1238

R des Pierres

MAROLLES

R van Helmont

R des Bogards

R du Midi

R Auguste Orts

R van Artevelde

R J van Praet

Halles St Géry

Borgval

R de la Grande Île

R de l'Étuve

Manneken Pis

Pl de l'Écuyer

R des Teinturiers

R du Charbon

R de l'Écoutère

R des Grands Carmes

Blvd Anspach

R du Marché au Jardin

R du Midi

R des Fontainas

Pl Fontainas

R de l'Olivier

R Plattesteen

R de la Grande Île R St-Géry

Voir

Musée du Costume et de la Dentelle
MUSÉE

1 👁 Plan p. 70, C6

La dentelle est l'un des arts les plus délicats exercés en Flandre depuis le XVIe siècle. Alors que la *kloskant* (dentelle au fuseau) trouve son origine à Bruges, la *naaldkant* (dentelle à l'aiguille), mise au point en Italie, était surtout fabriquée à Bruxelles. Cet excellent musée présente les usages de la dentelle dans l'habillement au fil des siècles et donne à voir d'autres tissus prestigieux, dont des broderies, dans le cadre d'expositions temporaires joliment agencées. (02-213 44 50 ; www. museeducostumeetdeladentelle.be ; rue de la Violette 12 ; 4 €, gratuit avec la Brusselscard ; ⏰10h-17h, jeu-mar ; Ⓜ Gare Centrale)

Manneken Pis
STATUE

2 👁 Plan p. 70, B7

La rue Charles Buls – la rue commerçante la plus touristique de Bruxelles où s'alignent boutiques de chocolats et de babioles diverses – achemine la foule jusqu'au Manneken Pis, situé à trois pâtés de maisons de la Grand-Place. Ce petit bonhomme faisant pipi au-dessus d'une fontaine est le symbole parfaitement décalé de la Belgique surréaliste. Il est souvent vêtu

d'un costume en rapport avec une commémoration, une fête nationale ou un événement local. Sa garde-robe est en partie exposée dans la **Maison du Roi**. (musée de la ville de Bruxelles ; Grand-Place ; Ⓜ Gare Centrale). (angle rue de l'Étuve et rue du Chêne ; Ⓜ Gare Centrale)

Jeanneke Pis
STATUE

3 👁 Plan p. 70, C5

Tout près de la rue des Bouchers, cette fillette à couettes accroupie, pendant féminin du Manneken Pis, est l'œuvre du sculpteur Denis-Adrien Debouvrie, qui l'installa ici en 1985. Une grille fermée à clé la cache en partie. (www. jeannekepisofficial.be ; impasse de la Fidélité ; Ⓜ Gare Centrale)

Musée du Cacao et du Chocolat
MUSÉE

4 👁 Plan p. 70, B6

Vous découvrirez ici l'histoire du cacao et du chocolat en Europe, ainsi que leurs vertus antiâge et antidépressives. Entre autres plaisirs, la visite inclut une dégustation de pralines lors d'une démonstration expliquant leur fabrication. Vous pourrez aussi apprendre à préparer vous-même ces friandises grâce à un cours d'une heure – renseignements par téléphone. (📞02-514 20 48 ; www. choco-story-brussels.be ; rue de la Tête d'Or 9 ; adulte/tarif réduit/moins de 12 ans 6/5/3,4 € ; ⏰10h-16h30 mar-dim ; Ⓜ Gare Centrale ou 🚋Bourse)

Comprendre

Peintures murales

Une quarantaine de peintures murales inspirées par la bande dessinée émaillent les artères du vieux centre-ville et de nouvelles s'y ajoutent chaque année. Flâner à la découverte de ces œuvres joyeuses donne l'occasion d'explorer des quartiers moins connus. Parmi les plus célèbres,

Tibet et Duchateau (rue du Bon Secours 9 ; Ⓜ Bourse). Un personnage grandeur nature est accroché à une gouttière au-dessus d'une fenêtre en trompe-l'œil.

Josephine Baker (rue des Capucins 9 ; Ⓜ Porte de Hal). L'une des fresques les plus caractéristiques des Marolles – la légendaire Josephine, un léopard en laisse, tient la main du robuste père Odilon Verjus. En arrière-plan apparaît la coupole du palais de Justice (la vraie, et son pendant dessiné). Josephine Baker, qui s'est produite à Bruxelles dans les années 1920 et 1930, était connue pour avoir un léopard comme animal de compagnie.

Tintin (rue de l'Étuve ; Ⓜ Bourse). On ne le présente plus.

Broussaille (rue du Marché au Charbon ; Ⓜ Bourse). Représente un jeune couple bras dessus bras dessous. La version originale (1991) montrait un couple au genre très ambigu repris par les établissements gays du quartier. Mais à l'issue du rafraîchissement de la fresque effectué en 1999, le personnage aux cheveux bruns arbora une coiffure plus féminine, des boucles d'oreilles et des seins (légèrement) plus proéminents. Homophobie rampante ou authentique erreur ? Nul ne sait.

Fresque Quick et Flupke (rue Haute ; Ⓜ Louise). Les personnages d'Hergé avec un policier en train de les espionner.

Fresque du Manneken Pis (rue de Flandre ; Ⓜ Ste-Catherine). Un Manneken Pis à l'air irascible lève les yeux sur le fronton dont il a été détrôné par un ours souriant qui fait pipi à son tour.

FC de Kampioenen (rue du Canal ; Ⓜ Ste-Catherine). Cette fresque colorée et pleine de mouvement ne représenta pas un club de football, mais des personnages tirés d'un feuilleton télévisé diffusé de 1990 à 2011. Hec Leemans en a fait une bande dessinée en 1997.

100% Bruxellois
Où manger des gaufres

Les Bruxellois se fournissent en "vraies" gaufres au **Mokafé** (☎02-511 78 70 ; galerie du Roi ; gaufres à partir de 3 € ; ☺7h30-23h30 ; MDe Brouckère), un café à l'ancienne sous la verrière des galeries Saint-Hubert. Si la salle a l'air un brin fatigué, les fauteuils en osier à l'extérieur permettent d'observer le va-et-vient des passants. Notez qu'une gaufre traditionnelle compte 20 carrés et qu'on la saupoudre de sucre glace et non de chantilly.

Musée du Slip   MUSÉE

5 ◉ Plan p. 70, C7

Ce lieu insolite se situe à l'étage du café Dolle Mol. Loin d'être un musée au vrai sens du terme, il expose cependant des collages incorporant les sous-vêtements de célébrités belges et créés par le cinéaste et artiste Jan Bucquoy. Le billet d'entrée donne droit à une carte postale représentant l'œuvre de votre choix. (musée du Slip ; www.janbucquoy.be/janbucquoy/Musee_du_slip.html ; Dolle Mol, rue des Éperonniers 52 ; 1 € ; ☺14h-18h dim ; MGare Centrale)

Fondation Jacques Brel   MUSÉE

6 ◉ Plan p. 70, C7

C'est dans un cabaret belge que Jacques Brel (1929–1978) fit ses débuts en 1952, avant d'être propulsé vers la gloire à Paris. Créé par sa fille France, ce musée et centre d'archives dédié à la mémoire de l'artiste rassemble des centaines d'heures de films et d'enregistrements sonores, ainsi que des milliers d'articles et de photos. Un audioguide est proposé. (☎02-511 10 20 ; www.jacquesbrel.be ; place de la Vieille Halle aux Blés 11 ; adulte/étudiant 5/3,50 €, audioguide 8 €, parcours et musée 10 € ; ☺12h-18h mar-sam, plus lun en août ; MGare Centrale)

Musée de la Brasserie   MUSÉE

7 ◉ Plan p. 70, C6

Occupant le sous-sol de la maison des Brasseurs et présentant du matériel du XVIIIe siècle, ce musée se veut authentique. Reste que le visiteur est souvent déçu par sa taille réduite et l'absence de démonstration du processus de fabrication, même si une bière est offerte à la fin. Pour voir une vraie brasserie (Cantillon) en activité, direction le musée bruxellois de la Gueuze (p. 123). (☎02-511 49 87 ; www.beerparadise.be ; Grand-Place 10 ; 5 € ; ☺10h-17h tlj avr-nov, 12h-17h sam et dim déc-mars ; MGare Centrale ou 🚌Bourse)

Musée de la ville de Bruxelles   MUSÉE

8 ◉ Plan p. 70, C6

Cartes anciennes, vestiges architecturaux et peintures donnent un aperçu de l'histoire de la ville. Ne manquez pas le *Cortège de Noces* (1567) de Bruegel l'Ancien. (musée de la ville de Bruxelles ; ☎02-279 43 50 ; www.museedelavilledebruxelles.be ; adulte/tarif réduit /Brussels Card 4/3 €/gratuit ; ☺10h-

Musée du Costume et de la Dentelle (p. 72)

17h mar-dim, jusqu'à 20h jeu ; M Gare Centrale, 🚇 Bourse)

Galeries Saint-Hubert

ARCHITECTURE

9 💿 Plan p. 70, D5

Inaugurées en 1847 par le roi Léopold Ier, les splendides galeries Saint-Hubert étaient les toutes premières galeries marchandes d'Europe. Derrière leurs arches néoclassiques à verrière flanquées de pilastres en marbre se côtoient d'élégantes boutiques. Les tables de plusieurs cafés aux styles différents investissent la terrasse des galeries, dont les verrières protègent de la pluie. Elles se trouvent à deux pas de la rue du Marché aux Herbes. (www. galeries-saint-hubert.com ; M Gare Centrale)

Rue des Bouchers

RUE

10 💿 Plan p. 70, C5

La rue des Bouchers et la Petite Rue des Bouchers, à l'ambiance singulière et bigarrée, sont deux étroites ruelles remplies de tables en terrasse, de pyramides de citrons et d'étals de poisson et de crustacés présentés sur de la glace. Les lieux sont éminemment photogéniques, en revanche la qualité de la nourriture est globalement médiocre – sauf "Aux Armes de Bruxelles", (p. 78), un grand classique.

Bourse

BÂTIMENT

11 💿 Plan p. 70, B5

Le bâtiment de la Bourse de Belgique date de 1873. Il est fermé au public, ce qui n'empêche pas d'admirer sa grandiose façade néoclassique, décorée de frises, de nus couchés, de chevaux fougueux, et d'une foule de figures allégoriques. Certaines œuvres sont de Rodin, du temps où il était un jeune apprenti sculpteur. (place de la Bourse ; 🚇 Bourse)

Bruxella1238

SITE ARCHÉOLOGIQUE

 12 Plan p. 70, B5

Le site Bruxella1238 se compose des maigres vestiges d'un couvent franciscain qu'un bombardement a réduit à l'état de ruines en 1695. L'essentiel du site est visible à travers les cloisons vitrées fichées dans le trottoir à peu près devant le café Le Cirio (p. 78). (4 €)

Église Saint-Nicolas

ÉGLISE

 13 Plan p. 70, B5

Près de la Bourse, cette minuscule église est aussi ancienne que Bruxelles elle-même. Paradoxalement, elle se distingue par sa quasi-invisibilité : sa façade se confond en effet presque intégralement avec celles des boutiques. Elle est d'ailleurs dédiée au saint patron des marchands. (église Saint-Nicolas ; rue au Beurre 1 ; ⏱8h-18h30 lun-ven, 9h-18h sam, 9h-19h30 dim ; 🚇 Bourse)

Se restaurer

Arcadi

BISTROT €

14 Plan p. 70, D5

Les gâteaux alléchants, les tartes aux fruits et les conserves en bocaux de ce charmant bistrot ont la faveur

Se restaurer

Des auvents drapés de guirlandes électriques, des stands d'huîtres sur les pavés et des serveurs en tablier racolant la clientèle encombrent l'étroite rue des Bouchers, qui croise les galeries Saint-Hubert. Oui, vous êtes ici en pleine zone touristique et, vu la piètre qualité de la restauration, les habitants l'évitent. Une exception à la règle : l'onéreux et classique **Aux Armes de Bruxelles** (📞02-511 55 98 ; www.auxarmesdebruxelles.com ; rue des Bouchers 13 ; plats 19-57 € ; ⏱11h-15h mardim ; 🚇 Bourse).

de nombreux Bruxellois. De même que ses plats à prix raisonnables, le tout servi non-stop par une équipe avenante. Cadre agréable pour prendre un chocolat chaud crémeux tout près des Galeries Saint-Hubert. (📞02-511 33 43 ; rue d'Arenberg 1b ; en-cas à partir de 5 € ; ⏱7h-23h ; Ⓜ Gare Centrale)

Crèmerie de Linkebeek

TRAITEUR €

15 Plan p. 70, A4

La meilleure *fromagerie* de Bruxelles, inaugurée en 1902, a conservé ses carreaux de céramique vernissée. Alléchant éventail de fromages, que l'on peut également déguster avec de la baguette croustillante et de la salade, le tout enveloppé dans du papier rayé bleu et blanc et prêt à emporter. (📞02-512 35 10 ; rue du Vieux Marché aux Grains 4 ; ⏱9h-15h lun, jusqu'à 18h mar-sam ; Ⓜ Ste-Catherine)

Henri

FUSION €€

16 Plan p. 70, A3

Dans une spacieuse salle blanche donnant sur la rue, Henri concocte des plats aux saveurs acidulées comme le thon au gingembre, au soja et au citron vert, les artichauts aux crevettes, au citron vert et à la tapenade d'olives noires, ou le filet de bœuf argentin au persil. Carte des vins ingénieuse et personnel fin connaisseur. (☎02-218 00 08 ; www.restohenri.be ; rue de Flandre 113 ; plats 16-20 € ; ☺12h-14h mar-ven et 18h-22h mar-sam ; Ⓜ Ste-Catherine)

L'Ogenblik

FRANÇAIS €€€

17 Plan p. 70, C5

Bien que proche de la rue des Bouchers, ce bistrot intemporel semble, avec ses rideaux en dentelle, son chat et son magnifique lustre en fer forgé, à des années-lumière du centre touristique. Spécialités françaises traditionnelles depuis plus de 30 ans. Une dépense qui se justifie pour un bon repas en plein cœur de Bruxelles. (☎02-511 61 51 ; www.ogenblik.be ; galerie des Princes 1 ; plats 23-29 € ; ☺12h-14h30 et 19h-minuit lun-sam ; Ⓜ Bourse)

Le Cercle des Voyageurs

BRASSERIE €

18 Plan p. 70, B7

Ravissant bistrot, décoré de globes et de mappemondes, et bibliothèque de voyage. Sa cuisine de brasserie plutôt réussie se savoure en regardant des documentaires ou sur une musique live de qualité (piano jazz le mardi et jazz expérimental le jeudi). D'autres concerts, dans la cave, sont payants.. (☎02-514 39 49 ; www.lecercledesvoyageurs. com ; rue des Grands Carmes 18 ; plats 15-21 € ; ☺11h-0h ; 🚇 Bourse, Annessens)

Dandoy

SALON DE THÉ €

19 Plan p. 70, B5

Fondée en 1829, la plus fameuse biscuiterie de Bruxelles possède cinq enseignes, dont cette boutique/salon de thé. Le chocolat des biscuits est fabriqué par Laurent Gerbaud. (☎02-511 03 26 ; www.maisondandoy.com ; rue au Beurre 31 ; en-cas à partir de 3 € ; ☺9h30-19h lun-sam, 10h30-19h dim ; Ⓜ Bourse)

Brasserie de la Roue d'Or

BELGE €€

20 Plan p. 70, C6

Avec ses peintures et son plafond orné de nuages, ce bistrot classique au cadre cosy rend hommage aux surréalistes bruxellois. Spécialités belges excellentes, quoiqu'un peu onéreuses. (☎02-514 25 54 ; rue des Chapeliers 26 ; plats 15-28 € ; ☺12h-00h30, fermé juil ; Ⓜ Gare Centrale)

Kokob

ÉTHIOPIEN €€

21 Plan p. 70, A7

Un bar/restaurant/centre culturel éthiopien à l'éclairage chaleureux, au bout de la rue des Grands Carmes. Plats à partager, déposés dans une sorte de grande crêpe appelée *injera*. Cérémonies du café le mercredi soir

(12h-15h) et le dimanche. (📞02-511 19 50 ; www.kokob.be ; rue des Grands Carmes 10 ; menus à partir de 20 € ; ⏰18h-23h lun-jeu et 18h-23h ven-dim ; 🚇Annessens, Bourse)

Sea Grill FRUITS DE MER €€€

22 🍴 Plan p. 70, D4

Difficile de dénicher cadre plus improbable que cet établissement années 1980 pour déguster les meilleurs poissons et fruits de mer de Bruxelles. C'est pourtant dans ce restaurant étoilé qu'officient Yves Mattagne et son équipe, s'affairant dans une cuisine ouverte. Commandez le homard breton, décortiqué à l'aide d'une antique presse en argent massif (il n'en existe que quatre dans le monde) et préparé à votre table. (📞02-212 08 00 ; www.seagrill.be ; Radisson SAS Royal Hotel Brussels, rue du Fossé aux Loups 47 ; ⏰12h-14h et 19h-22h, fermé mi-juil–mi-août ; 🚇De Brouckère)

La Maison du Cygne BELGE €€€

23 🍴 Plan p. 70, C6

Ce restaurant sophistiqué, au 2e étage du siège d'une guilde du XVIIe siècle, sert une cuisine gastronomique franco-belge. Réservez pour avoir l'une des tables avec vue sur la Grand-Place. Ambiance un peu moins formelle au 1er étage, à l'**Ommegang Brasserie** (plats 16-27 € ; ⏰12h-14h30 et 18h30-22h30 lun-sam). (📞02-511 82 44 ; www.greatmomentsinbrussels.be ; rue Charles Buls 2 ; plats 38-65 €, menus à partir de 65 € ; ⏰12h-14h et 19h-22h lun-ven, 19h-22h sam ; 🚇Gare Centrale)

Osteria a l'Ombra ITALIEN €€

24 🍴 Plan p. 70, C6

Prenez une minuscule boutique des années 1920 aux murs carrelés. Conservez son décor, ses rayonnages en bois et sa caisse. Ajoutez des tabourets et une table commune étroite. Servez d'excellentes pâtes fraîches et voyez si les clients se mettent enfin à communiquer... Peut-être faudra-t-il attendre le petit verre de grappa en fin de repas. (rue des Harengs 2 ; pâtes 9-13 €, plats 11-16 € ; ⏰12h-14h30 et 18h30-23h30 lun-sam ; 🚇Gare Centrale)

Prendre un verre

Goupil le Fol BAR

25 🍷 Plan p. 70, C7

On est frappé en entrant par les vieux canapés élimés et les murs couverts de tableaux qui composent le décor surchargé de ce bar aux multiples recoins, connu pour ses vins aromatisés aux fruits (pas de bière !). (📞02-511 13 96 ; rue de la Violette 22 ; ⏰21h-5h ; 🚇Gare Centrale)

Le Cirio BAR

26 🍷 Plan p. 70, B5

Ce somptueux grand café de 1886 aux cuivres étincelants et aux serveurs en tablier a su rester abordable Des dames apprêtées avec leur petit chien se mêlent toujours à la clientèle touristique. La maison

À la Mort Subite

a pour spécialité le *half-en-half* (3,20 €), moitié vin moitié mousseux. (rue de la Bourse 18 ; ⏰10h-minuit ; 🚇Bourse)

Falstaff

BAR

27 🚇 Plan p. 70, B5

L'intérieur de ce grand café offre un festival de vitraux et de boiseries sculptées conçu par l'architecte Art nouveau Émile Houbion, émule de Victor Horta. Large éventail de plats. (www.lefalstaff.be ; rue Henri Maus 17 ; ⏰10h-1h ; 🚇Bourse)

À la Mort Subite

PUB, BRASSERIE

28 🚇 Plan p. 70, D5

Un classique absolu, inchangé depuis 1928, avec des alignements de tables en bois et un service d'une brusquerie amusante. (📞02-513 13 18 ; www.alamortsubite.com ; rue Montagne aux Herbes Potagères 7 ; ⏰11h-1h lun-sam, 12h-minuit dim ; 🚇Gare Centrale)

À la Bécasse

PUB

29 🚇 Plan p. 70, B5

Caché au bout d'un passage étroit, ce pub tout en longueur évoque un peu les tavernes de Bruegel, même s'il n'existe que depuis 1877. Il a pour spécialité originale les panachés associant lambic Timmermans et bière au fruit, un mélange qui n'est pas au goût de tout le monde. (www.alabecasse.com ; rue de Tabora 11 ; ⏰11h-minuit, jusqu'à 1h ven et sam ; 🚇Gare Centrale)

Comprendre

Belgitude

- - - - - - - - - - - -

"Rien ne marche ici, et pourtant ça fonctionne toujours." Voici le genre de déclaration qui résume l'acceptation, voire la fierté, de la population vis-à-vis de l'apparente absurdité du pays, comme par exemple le fait que celui-ci n'ait pas sombré dans le chaos malgré l'absence de gouvernement fédéral pendant plus d'un an. Les Belges sont des gens créatifs et optimistes, qui prennent la vie comme elle vient.

Pour beaucoup, l'identification à la communauté flamande (néerlandophone) ou wallonne (francophone) passe avant l'appartenance nationale. Bruxelles est par ailleurs une ville multiculturelle, qui compte parmi ses habitants de nombreux ressortissants européens ainsi que des Marocains, des Turcs et des Africains, notamment originaires de l'ex-Congo belge.

La religion imprègne l'identité belge et la vie de tous les jours, y compris la politique et l'éducation. Environ 75% de la population est d'obédience catholique romaine et, malgré la baisse de fréquentation des églises, les traditions perdurent. La présence protestante demeure forte et un nombre non négligeable de musulmans résident dans la capitale. En matière de liberté des mœurs, la Belgique se classe dans les premiers rangs. Le mariage entre homosexuels y est légal depuis 2003. L'euthanasie a été légalisée en 2002.

La Belgique réserve peu de chausse-trapes aux visiteurs. La principale difficulté réside dans la langue. Bruxelles est officiellement bilingue, mais à dominante francophone, bien qu'elle se situe en Flandre. À Bruges, on parle avant tout néerlandais et l'on vous prendra pour un Wallon si vous vous exprimez en français (essayez l'anglais !).

Lorsqu'ils se rencontrent pour la première fois un homme et une femme, ou deux femmes, s'embrassent sur la joue à trois reprises (commencez par la gauche). Par la suite, ils se contentent d'une bise (aussi par la gauche). Les hommes, eux, se serrent la main.

Les commerçants ne vont pas au-devant des clients dans leur boutique : les Belges y verraient une tactique de vente jugée trop offensive.

Mais ces derniers ne sont pas à un paradoxe près : en témoigne le fameux Manneken Pis (p. 72), emblème national qui prend tranquillement ses aises...

Bourse (p. 75)

Au Soleil BAR

30 Plan p. 70, A7

Ancienne boutique de vêtements transformée en bar au chic dépenaillé. Musique attrayante et boissons étonnamment bon marché pour ce repaire de branchés à lunettes de soleil. (☎02-513 34 30 ; rue du Marché au Charbon 86 ; ☺10h30-tard ; 🚇Bourse)

BarBeton BAR

31 Plan p. 70, A4

Établissement typique d'un genre nouveau de bars bruxellois, tendance mais décontractés. Carrelage au sol et mobilier en bois brut. Une bonne adresse pour prendre un petit-déjeuner matinal ou un opulent brunch le dimanche (15 €). *Happy hour* de 19h à 20h le jeudi, buffet *aperitivo* de 18h à 20h le vendredi, et DJ à partir de 22h le samedi. (www.barbeton.be ; rue Antoine Dansaert 114 ; ☺8h-tard ; 🛜 ; 🚇Ste-Catherine)

La Fleur en Papier Doré PUB

32 Plan p. 70, B8

Les murs noircis de ce minuscule café, adoré des artistes et des Bruxellois, sont couverts de mots, de dessins et autres gribouillis de Magritte et ses amis surréalistes – certains auraient servi à payer les consommations. *"Ceci n'est pas un musée"*, rappelle malicieusement un panneau sur la porte. (www.goudblommekeinpapier.be ; rue des Alexiens 53 ; ☺11h-minuit mar-sam, jusqu'à 19h dim ; 🚆Bruxelles Central)

Fontainas Bar

BAR

33 Plan p. 70, A7

Un bar bruyant très tendance – sièges en vinyle noir déchiré, tables et luminaires sixties, carreaux fendillés – où l'on passe en journée pour lire son journal et faire la fête dès la nuit tombée. (☎02-503 31 12 ; rue du Marché au Charbon 91 ; ☺10h-tard lun-ven, 11h-tard sam et dim ; 🚇Bourse)

Walvis

BAR

34 Plan p. 70, A3

Soul, punk, rock progressif (parfois live) : voilà pour la bande-son de ce bar ultra-cool où l'entrée est gratuite, l'atmosphère pleine d'énergie, et dont le personnel est des plus accueillants. (☎02-219 95 32 ; www.cafewalvis.be ; rue Antoine Dansaert ;

☺11h-2h lun-jeu et dim, jusqu'à 4h ven-sam ; 🚇Ste-Catherine)

Le Cercueil

BAR

35 Plan p. 70, C6

Des murs noirs avec des cercueils pour tables, et de la lumière... noire. (rue des Harengs 10-12 ; bière à partir de 2,80 € ; ☺16h-tard lun-mar, 13h-tard ven-dim ; 🚇Bourse)

Madame Moustache

CLUB

36 Plan p. 70, A3

Ravissant club de Sainte-Catherine à l'ambiance rétro et burlesque. Nuits blanches funk, soirées swing, rock garage et DJ sets. (www.madamemoustache.be ; quai au Bois à Brûler 5-7 ; ☺21h-4h mar-dim ; 🚇Ste-Catherine)

Q 100% Bruxellois
Bière et alcools

Goûtez aux bières belges au **Moeder Lambic Fontainas** (www.moederlambic.com ; place Fontainas 8 ; ☺11h-1h dim-jeu, jusqu'à 2h ven-sam ; 🚇Anneessens, Bourse). Au dernier recensement, il servait 46 bières artisanales dans un décor plus contemporain que vieille Europe : des photos ornent les murs de brique nue, et les dossiers des banquettes sont en béton.

Si vous voulez élargir votre horizon, rendez-vous au **Délirium Café** (www.deliriumcafe.be ; Impasse de la Fidélité 4a ; ☺10h-4h lun-sam, jusqu'à 2h dim ; 🚇Gare Centrale). Des fûts pour tables, des plafonds ornés de plateaux de bière et plus de 2 000 bières du monde – à quoi se sont ajoutés récemment un jardin de rhum, une brasserie et le Floris Bar (à partir de 20h), qui sert d'innombrables sortes de *jenever* (genièvre), vodkas et absinthes. Sans surprise, l'endroit est des plus animés.

La Vilaine
CLUB

37 Plan p. 70, B4

Club flambant neuf dans un immeuble Art déco avec fauteuils en cuir et air de *speakeasy*. Musique électro et hip-hop pour une clientèle jeune. (www.clublavilaine.be ; rue de la Vierge Noire 10 ; droit d'entrée 8-12 € ; 22h-4h mer-sam ; De Brouckère)

Métropole Café
BAR

38 Plan p. 70, C3

Magnifique, l'intérieur Belle Époque justifie le prix élevé des consommations. (Hôtel Métropole ; www.metropolehotel.com ; Place de Brouckère 31 ; bière/café/gaufres à partir de 3,80/3,80 €/7 ; De Brouckère)

À l'Image de Nostre-Dame
PUB

39 Plan p. 70, C5

Au bout d'une minuscule ruelle secrète face au n°5 de la rue du Marché aux Herbes, le Nostre-Dame baigne dans une ambiance presque médiévale tout en conservant une authenticité très couleur locale. (midi-minuit lun-ven, 15h-1h sam, 16h-22h30 dim ; Bourse)

Celtica
BAR

40 Plan p. 70, B5

Obscène, bruyant, central mais surtout, très bon marché : seulement 1 € la bière. (www.celticpubs.com/celtica ; rue du Marché aux Poulets 55 ; Bourse)

Sortir

Music Village
JAZZ

41 Plan p. 70, B6

Cette salle raffinée de 100 places occupe deux maisons du XVIIe siècle. On y sert à dîner à partir de 19h et les concerts débutent à 20h30, 21h le week-end. Les artistes se serrent sur une petite scène. Réservation conseillée. (02-513 13 45 ; www.themusicvillage.com ; rue des Pierres 50 ; droit d'entrée 7,50-20 € ; à partir de 19h mer-sam ; Bourse)

Théâtre Royal de Toone
THÉÂTRE DE MARIONNETTES

42 Plan p. 70, C5

Depuis huit générations, la famille Toone met en scène des spectacles traditionnels de marionnettes en dialecte bruxellois dans ce ravissant théâtre. Incontournable. Si les représentations visent un public adulte, les enfants adorent aussi. (02-511 7137 ; www.toone.be ; Petite Rue des Bouchers 21 ; adulte/enfant 10/7 € ; variable, 20h30 jeu et 16h sam ; Gare Centrale)

Cinéma Galeries
CINÉMA

43 Plan p. 70, C5

Ce beau cinéma Art déco met l'accent sur les films étrangers d'art et d'essai. (02-514 74 98 ; www.arenberg.be ; galerie de la Reine 26 ; Bourse)

ALAN COPSON/GETTY IMAGES ©

La rue des Bouchers (p. 75)

L'Archiduc
JAZZ

44 ⭐ Plan p. 70, A4

Ce bar Art déco intimiste passe du jazz depuis 1937. La salle circulaire à deux étages est souvent incroyablement bondée, mais l'ambiance reste conviviale. Vous devrez peut-être sonner à la porte. Les concerts du samedi (17h) sont gratuits. Les talents internationaux se produisent le dimanche, prix d'entrée variable. (☎02-512 06 52 ; www.archiduc. net ; rue Antoine Dansaert 6 ; bière/vin/cocktails 2,50/3,60/8,50 € ; ◷16h-5h ; 🚇Bourse)

Art Base
MUSIQUE LIVE

45 ⭐ Plan p. 70, E3

L'une des meilleures petites salles pour amateurs de musique éclectiques. On se croirait dans un salon privé mais la programmation est de très grande qualité : *rébétiko grec*, musique classique indienne, musique de chambre, guitare argentine, etc. (☎02-217 29 20 ; www.art-base.be ; rue des Sables 29 ; ◷ven-sam ; 🚇Rogier)

Actor's Studio
CINÉMA

46 ⭐ Plan p. 70, C5

Difficiles à repérer, ces trois salles intimistes cachées tout près de la Petite Rue des Bouchers montrent films d'art et essai et rediffusions grand public. Véritable trésor du cinéma indépendant, il pratique des tarifs plus bas qu'ailleurs. Bar minuscule. (☎02-512 16 96 ; www.actorsstudio.cinenews.be ; Petite Rue des Bouchers 16 ; 🚇Bourse)

AB

MUSIQUE LIVE

47 ⭐ Plan p. 70, A6

Les deux salles de l'AB accueillent des groupes de rock et des artistes étrangers plus ou moins connus, ainsi que de nombreux talents belges. Billetterie rue des Pierres. Bon bar/restaurant ouvert à partir de 18h (réservation indispensable). (Ancienne Belgique ; 📞02-548 24 00 ; www.abconcerts.be ; Bd Anspach 110 ; 🚇Bourse)

Théâtre du Vaudeville

THÉÂTRE

48 ⭐ Plan p. 70, C6

Spectacles de cabaret, concerts et pièces dans ce vieux théâtre à l'intérieur des galeries Saint-Hubert. Programme disponible dans le foyer. (📞02-512 57 45 ; Galerie de la Reine 13-15, galeries Saint-Hubert ; 🚇Gare Centrale)

Théâtre Royal de la Monnaie/Koninklijke Muntschouwburg

OPÉRA, DANSE

49 ⭐ Plan p. 70, C4

Un opéra joué dans ce lieu magnifique inspira la révolution de 1830 qui conduisit à l'indépendance de la Belgique. Danse contemporaine et opéras. (📞02-229 13 72 ; www.lamonnaie. be ; place de la Monnaie ; 🚇De Brouckère)

Théâtre National

THÉÂTRE

50 ⭐ Plan p. 70, D1

Architecture rectiligne et façade de verre pour le théâtre de la communauté francophone. (📞02-203 41 55 ; www.theatrenational.be ; bd Émile Jacqmain 111-115 ; 🚇Rogier)

Q 100% Bruxellois

Jazz à Bruxelles

Le jazz revêt une importance particulière en Belgique, terre natale d'Adolphe Sax, l'inventeur du saxophone, du guitariste manouche Django Reinhardt et de Toots Thielemans, virtuose de l'harmonica, qui se produit encore à 90 ans. Outre le **Music Village** (p. 83), **le Jazz Station** (📞02-733 13 78 ; jazzstation.be ; chaussée de Louvain 193a ; ⏱expositions 11h-19h mer-sam, concerts 18h sam et 20h30 certains soirs de semaine ; 🚇Madou), rue Antoine Dansaert, **L'Archiduc** (p. 83) et le **Sounds** (📞02-512 92 50 ; www.soundsjazzclub.be ; rue de la Tulipe 28 ; ⏱20h-4h lun-sam ; 🚇Porte de Namur), à Ixelles, figurent parmi les clubs réputés de longue date. Le **Brussels Jazz Marathon** (www.brusselsjazzmarathon.be) se déroule en mai en différents lieux de la ville, le **Skoda Jazz Festival** (www.skodajazz.be) en octobre et novembre dans tout le pays.

Koninklijke Vlaamse Schouwburg

THÉÂTRE

51 ⭐ Plan p. 70, B1

Derrière une façade Renaissance restaurée, le Théâtre royal flamand, accueille des ballets et des pièces de théâtre d'avant-garde. Représentations parfois en anglais. (☎02-210 11 12 ; www. kvs.be ; rue de Laeken 146 ; Ⓜ Yser)

Shopping

Boutique Tintin

BD

52 🔒 Plan p. 70, C6

Le reporter d'Hergé est la vedette de cette petite boutique qui vend des albums à gogo et de jolies figurines. (☎02-514 51 52 ; en.tintin.com ; rue de la Colline 13 ; ⊗10h-18h lun-sam, 11h-17h dim ; 🚶 Ⓜ Gare Centrale)

Catherine

FROMAGES

53 🔒 Plan p. 70, B6

Épicerie fine accueillante au cœur de la ville, spécialisée dans les fromages artisanaux (certains bio) la charcuterie et les condiments. Parfait pour un pique-nique ou un repas simple. (☎02-512 75 64 ; rue du Midi 23 ; ⊗9h-18h lun-sam ; 🚇 Bourse)

Sterling Books

LIVRES

54 🔒 Plan p. 70, D4

Librairie anglophone avec canapés moelleux et aire de jeux pour les enfants. (☎02-223 62 23 ; www. sterlingbooks.be ; rue du Fossé aux

ROSSHELEN/SHUTTERSTOCK ©

Gaufre belge

Loups 38 ; ⏰10h-19h lun-sam, 12h-18h30 dim ; Ⓜ De Brouckère)

De Biertempel BIÈRE

55 🔒 Plan p. 70, C5

Ce "temple de la bière" vend plus de 700 variétés, les verres assortis et autres articles en relation. Pour des marques plus ordinaires, rendez-vous au supermarché. (☎02-502 19 06 ; rue du Marché aux Herbes 56b ; ⏰9h30-19h ; 🚇Bourse)

Neuhaus ALIMENTATION

56 🔒 Plan p. 70, D5

La boutique d'origine (1857) de l'inventeur de la praline. Superbes vitraux et étalages somptueux. (☎02-512 63 59 ; www.neuhaus.be ; galerie de la Reine 25 ; 52 €/kg ; ⏰10h-20h lun-sam, jusqu'à 19h dim ; Ⓜ Gare Centrale)

Planète Chocolat ALIMENTATION

57 🔒 Plan p. 70, B6

Les chocolats, ainsi que les moules qui servent à leur fabrication, sont confectionnés sur place. Fabrication de pralines à 16h le samedi et le dimanche, les visiteurs peuvent faire leurs propres créations. (☎02-511 07 55 ; www.planetechocolat.be ; rue du

Lombard 24 ; 50 €/kg ; ⏰11h-18h lun et dim, 10h30-18h30 mar-sam ; 🚇Bourse)

City 2 CENTRE COMMERCIAL

58 🔒 Plan p. 70, E1

Centre commercial moderne regroupant les enseignes de chaîne habituelles. Bonne adresse pour acheter matériel high-tech et places de spectacle à la FNAC. Le sous-sol abrite une poste et un bon hall de restauration – goûtez les *samosa*, les curries et les *naan* de **Ganesh**. (Rue Neuve 123 ; Ⓜ Rogier)

Micro Marché ARTISANAT

59 🔒 Plan p. 70, A1

Attenant au convivial Traveller's Café, ce marché bohème vend des objets artisanaux alternatifs et abordables. (www.micromarche.com ; quai à la Houille 9 ; ⏰16h-21h ven, 11h-19h sam-dim ; Ⓜ Ste-Catherine)

Passage du Nord GALERIE MARCHANDE

60 🔒 Plan p. 70, C3

Les boutiques de qualité sous la verrière de ce passage couvert en font l'endroit idéal pour s'abriter de la pluie. (près de la Rue Neuve ; Ⓜ De Brouckère)

Explorer

Musées
du quartier royal

Le majestueux quartier royal englobe le palais Royal, le grandiose
Palais de justice (photo), et le Mont des Arts, qui regroupe les plus
beaux musées de la ville. Antiquaires, salons de thé et chocolateries
bordent la place du Grand Sablon et ses alentours, tandis que de
gracieuses églises et l'élégant parc de Bruxelles ajoutent au charme
du quartier.

L'essentiel en un jour

Allez d'abord admirer les œuvres des primitifs flamands et les Brueghel aux **musées royaux des Beaux-Arts** (p. 90), ainsi que le **musée Magritte** (p. 91) attenant. Déjeunez ensuite dans l'un des cafés de la place du Grand Sablon ou achetez à l'épicerie fine **Claire Fontaine** (p. 101) de quoi pique-niquer sur la place du Petit Sablon.

Profitez-en pour jeter un œil à l'intérieur de l'**église Notre-Dame du Sablon** (p. 96), puis mettez le cap sur le **musée des Instruments de musique** (p. 92), dans l'édifice Old England de style Art nouveau. Vous pourrez faire une pause au café panoramique sur le toit ou rejoindre plus bas **Laurent Gerbaud's** (p. 100) pour déguster ses divins chocolats avec une tasse de thé. Après quoi, direction le **musée BELvue** (p. 98), dans un ancien palais royal, qui retrace l'histoire de la Belgique.

Optez pour la cuisine de brasserie du charmant **Perroquet** (p. 101) ou pour un repas plus haut de gamme en réservant à l'avance aux **Brigittines** (p. 99). Une fois restauré, concluez la soirée par un concert classique au **BOZAR** (p. 103) ou un film muet accompagné au piano à la **Cinematek** (p. 103).

 Les incontournables

Musées royaux des Beaux-Arts (p. 90)

Musée des Instruments de musique (p. 92)

Le meilleur du quartier

Chocolat

Mary (p. 104)

Pierre Marcolini (p. 104)

Laurent Gerbaud (p. 100)

Musées

Musée des Instruments de musique (p. 92)

Musée Magritte (p. 91)

Musée BELvue (p. 98)

Églises

Église Notre-Dame du Sablon (p. 96)

Cathédrale des Saints-Michel-et-Gudule (p. 96)

Comment y aller

Ⓜ **Métro** Les stations de **métro** Louise et Porte de Namur (ligne 2 et 6) sont les plus pratiques pour gagner la place du Sablon ; pour le Mont des Arts, descendez à la station Gare Centrale (lignes 1 et 5).

🚊 **Tramway** Les lignes nᵒˢ92, 93 et 94 traversent le quartier.

Les incontournables
Musées royaux des Beaux-Arts

Les prestigieux musées royaux comprennent le **musée d'Art ancien** et le **musée d'Art moderne**. Le premier recèle une collection de primitifs flamands, des Bruegel (en particulier Bruegel l'Ancien) et des Rubens, le second, en sous-sol, des œuvres du surréaliste Paul Delvaux et du peintre fauve Rik Wouters. Le complexe accueille également le **musée René Magritte**, consacré au plus célèbre des surréalistes belges.

Plan p. 94, C5

www.fine-arts-museum.be

rue de la Régence 3

adulte/6-25 ans/ Brussels Card 8/2 €/ gratuit, avec le musée Magritte 13 €

10h-17h mar-ven, 11h-18h sam-dim

Salle principale, musées royaux des Beaux-Arts

À ne pas manquer

Les primitifs flamands

Ces peintres du XVe siècle sont magnifiquement représentées. La *Pietà* de Rogier Van der Weyden, la spectaculaire *Justice d'Othon* de Dirk Bouts, qui dépeint le supplice d'un mari injustement accusé, les portraits raffinés de Hans Memling et la *Virgo inter Virgines* aux riches matières du *Maître de la Légende de sainte Lucie* retiennent l'attention.

Les Bruegel

Pieter l'Ancien fut le plus illustre de cette lignée d'artistes, mais la nature tendre et cocasse de ses scènes rustiques trouve un écho dans les œuvres de ses fils. Le récit central se cache souvent sous un luxe de détails comme dans la *Chute d'Icare*, où un laboureur occupe le premier plan tandis que seules les jambes du personnage mythologique dépassent des flots.

Rubens et son temps

Le peintre baroque flamand Pierre Paul Rubens (1577-1640) réalisa surtout de grands tableaux religieux. Des œuvres moins connues, comme ses *Études pour une tête de nègre*, révèlent son sens aigu du portrait psychologique. Figurent également des peintures d'Antoine Van Dyck, le portrait de famille de Cornelius De Vos, ainsi que des toiles de Rembrandt et de Frans Hals.

Musée Magritte

Ce **musée** (www.musee-magritte-museum.be) offre une plongée chronologique dans l'œuvre du peintre surréaliste René Magritte (1898-1967). Dans ses célèbres tableaux, les motifs de la sphère, de la pipe et des oiseaux reviennent de manière récurrente, tout comme l'image de son épouse, Georgette.

☑ À savoir

▶ Ces musées et d'autres sont gratuits à partir de 13h le premier mercredi du mois. Tous ferment le lundi.

▶ De préférence, visitez le musée Magritte à part car il faut au moins 2 heures pour faire le tour – il est possible d'acheter un billet combiné et de revenir le lendemain.

▶ Les expositions temporaires des musées royaux donnent lieu à un droit d'entrée supplémentaire.

▶ N'oubliez pas le petit jardin de sculptures, à gauche lorsqu'on regarde le bâtiment.

✕ Une petite faim ?

Cher mais agréable, le café du musée (mêmes horaires) sert sandwichs, salades et pâtisseries sur une terrasse agrémentée de statues surplombant les toits.

Les incontournables
Musée des Instruments de musique

Riche de plus de 2 000 instruments du monde entier, ce musée innovant insiste sur l'expérience auditive. On découvre grâce à des écouteurs des sons aussi divers que ceux de la cornemuse, du clavecin ou du carillon chinois, qui célèbrent la musique dans toute sa variété. Le splendide cadre Art nouveau des anciens grands magasins Old England contribue aussi à l'attrait de la visite.

Plan p. 94, C4

rue Montagne de la Cour 2

adulte/tarif réduit 8/6 €

9h30-17h mar-ven, 10h-17h sam et dim

M Gare Centrale ou Parc

Musée des Instruments de musique

À ne pas manquer

Laboratoire sonore

Les pièces exposées dans cette salle à l'éclairage tamisé portent des numéros correspondant à une bande sonore qui s'écoute à l'aide d'un casque. On peut ainsi entendre une cloche d'église du XVIe siècle sonner minuit, une serinette du XIXe siècle et un orgue Hammond jouant du blues. Parmi les instruments curieux, citons un orgue de barbarie dont les automates miment d'effrayantes scènes d'arrachage de dents.

Instruments traditionnels

Des instruments du monde entier, dont certains surprenants, sont offerts à la vue et à l'ouïe des visiteurs qui découvrent, grâce aux écouteurs, les envolées complexes du sitar indien, la plainte étrange de la trompe tibétaine ou le rythme hypnotique des percussions congolaises. Le masque d'ours de Mardi Gras originaire du Limbourg, présenté avec des instruments grossièrement taillés et des chants primitifs, frappe l'imagination.

Musique occidentale

Dans cette précieuse collection de vents, de cordes et de claviers, les premiers pianos peints de délicats motifs floraux et de scènes pastorales se distinguent par leur esthétique. Remarquez aussi les énormes bassons à tête de serpent. Là encore, ouvrez vos oreilles.

Bâtiment

Les anciens grands magasins Old England conçus en 1899 par Paul Saintenoy sont aussi fascinants que le musée qu'ils abritent. De style Art nouveau, l'édifice comprend un café panoramique et une terrasse sur le toit.

☑ À savoir

▸ La boutique du musée (fermée 12h30-13h30) vend un large choix de CD.

▸ Si vous souhaitez seulement voir le bâtiment, prenez l'ascenseur jusqu'au dernier étage et descendez par les escaliers.

▸ Des concerts sont régulièrement programmés dans l'auditorium ; voir la rubrique *Activités* du site Internet.

✗ Une petite faim ?

Au dernier étage, la **cafétéria du Mim** (☏02-502 95 08 ; www.restomim. com ; rue Montagne de la Cour 2 ; repas 12-16 € ; ◷10h-16h30, fermé lun) dévoile une vue spectaculaire au-delà de ses fioritures en fer forgé.

Nos adresses

R du Congrès
21
R de l'Enseignement
Théâtre du Parc
R Ducale

24
R Royale
R de la Croix de Fer
R de Louvain
Palais de la Nation
R de la Loi
R de Ligne

Pl du Congrès
10 Colonne du Congrès
R de la Banque
Cathédrale des Saints-Michel-et-Gudule
11
Parc de Bruxelles
M Parc
Parc de Bruxelles
Pl des Palais

Blvd de Berlaimont
Banque nationale
Musée de la Banque nationale de Belgique
R du Bois Sauvage
9
1
R des Colonnes
6 Musée
8
Visit Brussels

R Montagne aux Herbes Potagères
Pl Ste-Gudule
R de Loxum
R Cardinal Mercier
R Ravenstein
R Baron Horta
20
19
Musée des Instruments de Musique
de la C

13
Use-It
Gare Centrale
R de Montagne
Blvd de l'Impératrice
Carr. de l'Europe

R d'Arenberg
R de la Reine
Galerie de la Reine
P
R de la Montagne
Pl d'Espagne
Pl de l'Albertine

Pl de la Monnaie
R de l'Écuyer
ÎLOT SACRÉ
Grand Pl
R des Éperonniers
R Duquesnoy
St-Jean
R St-Jean
Pl St-Jean
R de l'Hôpital
Pl de la Justice
Pl de l'Empereur
Blvd de l'Empereur

R du Marché aux Herbes
Visit Brussels
R du Lombard
R de l'Étuve
R du Chêne
Pl de la Vieille Halle aux Blés
R de l'Escalier

Bourse
R de Tabora
R du Midi
R des Alexiens
Pl de Dinant
R d'Accol

Trône Ⓜ

Pl du Trône

MATONGÉ

R Longue Vie

Chaussée de Wavre

R E Solvay

R de la Paix

R du Champ de Mars

R de Edimbourg

Chaussée d'Ixelles

R du Berger

7 ⦿
Palais Royal

R Bréderode

Royale

R de Namur

Porte de Namur Ⓜ

Square du Bastion

R de Stassart

Ave de la Toison d'Or

R des Chevaliers

R des Drapiers

R Cap Crespel

Musées Royaux des Beaux-Arts ⦿

Pl du Grand Sablon

Église Notre-Dame du Sablon

2 ⦿

Place du Petit Sablon

3 ⦿

Jardin d'Egmont

Ave Louise

R Lebe...

15 ✕

16 ✕ ⓟ25

R de la Régence

R aux Laines

R du Grand-Cerf

Blvd de Waterloo

Pl Louise

Louise Ⓜ

Ave de la Toison d'Or

R Lebe...

R de Rollebeek

23 🏠 16

R Van Moer

R Watteeu

R C

R Ernest Allard

17 ✕

Pl Poelaert

5 ⦿
Palais de Justice

Louise

Pl J Jacobs

R des Ursulines

Église Notre-Dame de la Chapelle ⦿

Pl de la Chapelle ⦿ 4

R des Minimes

R de la Samaritaine

R du Temple

Hanssens

18 🏠

Pl Breugel

R de la Prévoyance

R aux Laines

12 ✕

R Notre Seigneur

R Blaes

R Haute

22 🏠

14 ✕

0 400 m

Voir

Cathédrale des Saints-Michel-et-Gudule
ÉGLISE

1 Plan p. 94, D2

Théâtre des couronnements et des noces royales, la majestueuse cathédrale de Bruxelles flanquée de deux tours jumelles vit sa construction débuter en 1226 pour s'achever trois siècles plus tard, d'où son architecture composite. Des vitraux inondent de lumière sa haute nef, dont les piliers portent des saints brandissant des instruments dorés. Une chaire en bois d'un style baroque exubérant, sculptée par l'artiste anversois Hendrik Verbruggen, montre Adam et Ève chassés du Paradis. Pour monter dans les tours de la cathédrale (5 €, 10h

le 2ᵉ samedi du mois), inscrivez-vous un ou deux jours à l'avance. (www.cathedralisbruxellensis.be ; place Sainte-Gudule ; entrée libre, trésor 1 € , crypte 3 € ; ⏰cathédrale 7h-18h lun-ven, 8h30-18h sam, 14h-18h dim ; Ⓜ Gare Centrale)

Église Notre-Dame du Sablon
ÉGLISE

2 Plan p. 94, C5

Cette grande église de style gothique flamboyant fut bâtie en 1304 pour servir de chapelle à une guilde d'arbalétriers. Un siècle plus tard, elle dut être agrandie en de vastes proportions de manière à accueillir les nombreux pèlerins attirés par les pouvoirs guérisseurs supposés de sa Vierge. Cette statue aurait été rapportée en barque en 1348 après avoir été audacieusement dérobée dans une église d'Anvers. Le forfait aurait été commis par un couple poussé par une vision. La statue a disparu depuis longtemps, mais un bateau représenté derrière la chaire rappelle sa curieuse épopée. (rue de la Régence ; ⏰9h-18h lun-ven, 10h-18h sam et dim ; Ⓜ Porte de Namur)

Place du Petit Sablon
PARC

3 Plan p. 94, C6

À 200 m en amont de la place du Grand Sablon, ce petit jardin enchanteur est entouré de 48 statues réalistes représentant les corporations médiévales. Au-dessus d'une fontaine trônent les effigies théâtrales des comtes d'Egmont et de Hornes, décapités en 1568 pour avoir défié le

---

⊙ 100% Bruxellois

Recyclart

Vitrine alternative de la ville, ce "laboratoire artistique" couvert de graffitis dans l'ancienne gare Bruxelles-Chapelle redonne vie à ce qui était auparavant une friche industrielle. **Recyclart** (☎02-502 57 34 ; www.recyclart.be ; rue des Ursulines 25 ; 🛜🚆Anneessens) accueille désormais des concerts branchés, des soirées avec DJ, des installations et des pièces de théâtre. Il y a même un café ouvert dans la journée et une piste de skate/roller. Son fanzine, disponible dans les bars de Bruxelles, détaille la programmation.

Orgue de la cathédrale des Saints-Michel-et-Gudule

pouvoir espagnol. L'ancienne résidence majestueuse du comte d'Egmont se trouve derrière.(Ⓜ Porte de Namur)

Église Notre-Dame de la Chapelle

ÉGLISE

4 ⊚ Plan p. 94, A5

L'église gothique actuelle, doyenne de Bruxelles, intègre dans sa partie centrale le clocher de l'édifice d'origine datant de 1134. Sa chaire de Vérité (1721) en bois, sculptée par Pierre-Denis Plumier, illustre l'épisode biblique de l'ange nourrissant le prophète Élie au désert. Pieter Bruegel l'Ancien, qui vécut dans le quartier voisin des Marolles, repose dans une chapelle du bas-côté droit. (Place de la

Chapelle ; entrée libre, brochure 3 € ; ⊘9h-19h juin-sep, 9h-18h oct-mai ; 🚇Anneessens)

Palais de Justice

MONUMENT HISTORIQUE

5 ⊚ Plan p. 94, A7

Plus vaste que Saint-Pierre de Rome, ce palais de justice de 2,6 ha était, au moment de sa construction (1866-1883), le plus grand édifice au monde. Si cet ensemble architectural labyrinthique a de quoi impressionner, il n'en reste pas moins difficile à sécuriser. Plusieurs grands criminels ont d'ailleurs réussi à s'en échapper. Derrière le bâtiment, une terrasse offre une vue panoramique sur les toits de Bruxelles, où se détachent les silhouettes de l'Atomium et de la

DEMETRIO CARRASCO/GETTY IMAGES ©

Statue du parc de Bruxelles

basilique du Sacré-Cœur (Koekelberg).
Un **ascenseur vitré** (place Brueghel, Rue de
l'Epée ; entrée libre ; ☾7h30-23h45) conduit
au quartier ouvrier des Marolles, en
contrebas. (place Poelaert ; Ⓜ Louise,
🚌 92, 94)

Musée BELvue   MUSÉE

6 ◉ Plan p. 94, D4

Sous les stucs de cette ancienne
résidence royale, une visite
audioguidée retrace l'histoire de la
Belgique de l'indépendance à nos jours
au moyen d'expositions et d'archives
filmées. Parmi les curiosités figure la
veste que portait Albert Iᵉʳ le jour de sa
mort dans un accident d'escalade en

1934. En été, le restaurant du musée
s'agrémente d'une terrasse dans les
charmants jardins. (🕿 07-022 04 92 ;
www.belvue.be ; place des Palais 7 ; adulte/tarif
réduit 6/5 € ; ☾ 9h30-17h mar-ven, 10h-18h
sam et dim ; Ⓜ Parc)

Palais Royal   PALAIS

7 ◉ Plan p. 94, D5

La famille royale belge vit aujourd'hui
à Laeken (Domaine royal ; 🚌 53 depuis Ⓜ
Bockstael), mais ce palais du XIXᵉ siècle
demeure sa résidence "officielle",
dotée d'ornements aussi improbables
que le plafond du salon des Glaces
décoré d'ailes de millions de scarabées
thaïlandais, commande de la reine
Paola à l'artiste contemporain Jan
Fabre. Ouvert uniquement l'été. (🕿 02-
551 20 20 ; www.monarchy.be ; place des
Palais ; entrée libre ; ☾ 10h30-16h30 mar-dim
fin juil-début sep ; Ⓜ Parc)

Coudenberg   SITE ARCHÉOLOGIQUE

8 ◉ Plan p. 94, D4

La colline du Coudenberg (l'actuelle
place Royale) était le site d'origine
du château de Bruxelles (XIIᵉ siècle).
Au fil des siècles, il a été transformé
en l'un des plus élégants et puissants
palais d'Europe, notamment au
XVIᵉ siècle lorsqu'il était la résidence
de Charles Quint. Aux alentours
du palais, nobles et courtisans
construisirent à leur tour de belles
demeures. Ce vaste complexe
architectural fut détruit par un
incendie en 1731, mais ses fondations
et parties souterraines demeurent.

Des tronçons entiers du plan des rues médiévales sont aujourd'hui repérables, mais leur atmosphère a pratiquement disparu. On pénètre dans le site archéologique souterrain par le musée BELvue, et l'on en sort à proximité du bâtiment des grands magasins Old England. (www.coudenberg.com ; adulte/- 26 ans/Brussels Card 6/5 €/gratuit ; ⊙9h30-17h mar-ven, 10h-18h sam-dim ; Ⓜ Parc)

Musée de la Banque nationale de Belgique
MUSÉE

9 ◎ Plan p. 94, D2

Étonnamment captivant, ce musée est bien davantage qu'une simple collection de pièces de monnaie. Ses collections bien présentées retracent et expliquent le concept même d'argent, des cauris (coquillages servant de monnaie d'échange) aux cartes de crédit. (☎02-221 22 06 ; www.nbbmuseum.be ; bd de Berlaimont 3 ; entrée libre ; ⊙10h-17h lun-ven ; Ⓜ Gare Centrale)

Colonne du Congrès
MONUMENT

10 ◎ Plan p. 94, D1

La colonne Nelson bruxelloise, monolithe des années 1850 haut de 25 m, est coiffée de la statue dorée du roi Léopold Ier. Elle commémore le Congrès national de 1831 qui rédigea la Constitution belge. Les quatre figures féminines autour de son socle représentent les libertés fondamentales garanties par la Constitution (liberté de culte, d'association, d'enseignement et de

la presse). Cette dernière encouragea Victor Hugo, Karl Marx et d'autres à revenir en Belgique en des moments où ces mêmes libertés étaient bien plus restreintes ailleurs en Europe.

Entre deux lions en bronze, une flamme éternelle rend hommage aux victimes belges des deux guerres mondiales. (place du Congrès ; Ⓜ Madou)

Parc de Bruxelles
PLEIN AIR

11 ◎ Plan p. 94, E3

Les alentours de Bruxelles ne manquent ni de forêts ni de parcs, en revanche, dans la ville même, c'est une autre histoire. Le parc de Bruxelles, plus grand espace vert du centre, est un parc ancien au tracé formel, flanqué du palais Royal et du palais de la Nation. Aménagé sous les auspices des ducs du Brabant, il est orné de statues classiques et bordé d'arbres aux branches impitoyablement domestiquées. Les employés en pause-déjeuner, les joggeurs et les familles avec enfants adorent y aller en été. (place des Palais ; 🚌 92, 93 ou 94, 🚉 Parc)

Se restaurer

Les Brigittines

FRANCO-BELGE €€€

 12 Plan p. 94, A5

Pour un repas onéreux entre grandes personnes dans une salle à manger de la Belle Époque aux tons patinés. La carte classique très carnée comprend, entre autres, de la joue de veau, des pieds de porc et du steak tartare. Le personnel compétent vous conseillera les bières locales et les vins artisanaux qui se marient le mieux avec vos plats. (☎02-512 68 91 ; www.lesbrigittines.com ; place de la Chapelle 5 ; plats 16-24 € ; ☺12-14h30 et 19-22h30 lun-ven, 12-14h30 et 19-23h sam ; Ⓜ Louise)

À savoir

Moules-frites

À Bruxelles, rien de plus courant qu'une cocotte en fonte remplie de moules (*mosselen* en néerlandais) fumantes sur une table de restaurant. Le plat se prépare traditionnellement avec du vin blanc – il existe aussi des variantes à la provençale ou à la bière et à la crème – et s'accompagne de frites. On ne mangeait autrefois des moules que durant les mois comportant un "r" pour être sûr de leur fraîcheur, mais les méthodes d'élevage modernes permettent désormais d'en consommer à partir de juillet. Un conseil : laissez de côté celles qui ne se sont pas ouvertes à la cuisson.

Laurent Gerbaud

CAFÉ €

 13 Plan p. 94, C4

Un endroit clair et chaleureux aux grandes fenêtres panoramiques, parfait pour déjeuner ou prendre un café entre deux visites de musées. Il faut goûter les merveilleux chocolats, plutôt sains car sans alcool, ni additifs ni sucres ajoutés. Le sympathique maître chocolatier organise aussi des dégustations et des séances de fabrication. (☎02-511 16 02 ; www.chocolatsgerbaud. be ; rue Ravenstein 2 ; en-cas à partir de 5 € ; ☺7h30-19h30 ; Ⓜ Parc)

Restobières

BELGE €€

14 Plan p 94, A7

Des spécialités belges à la bière servies dans un ravissant décor de bouteilles, de moulins à café et de boîtes à biscuits en tôle à l'effigie de la famille royale, où l'espace manque un peu. Goûtez la carbonnade flamande (ragoût de bœuf) ou le lapin aux pruneaux. (☎02-502 72 51 ; www.restobieres.eu ; rue des Renards 9 ; plats 12-22 €, menus 18-38 € ; ☺12h-15h mar-sam, 19h-23h jeu-sam ; Ⓜ Louise)

Le Village de la Bande Dessinée

CAFÉ €€

 15 Plan p. 94, B5

Burgers sur le thème de la BD, spécialités belges, bagels, salades et milk-shakes sont tous conçus pour

Église Notre-Dame du Sablon (p. 96)

plaire aux enfants, tandis que des nappes à carreaux rouge et blanc ajoutent une note de gaieté. Il y a aussi une bibliothèque rassemblant une belle collection d'albums et de souvenirs ainsi qu'une galerie où sont exposés des dessins originaux d'Hergé. (☏ 02-523 13 23 ; place du Grand Sablon 8 ; en-cas à partir de 6 € ; ☉ 11h-23h mar-dim ; Ⓜ Louise)

Claire Fontaine ÉPICERIE FINE €

16 ✗ Plan p. 94, B5

Sur la Place du Sablon, cette petite boutique pittoresque libère des effluves appétissants de produits alimentaires et de plats cuisinés sur place. Rien de mieux pour se régaler d'un sandwich nourrissant ou d'une quiche à emporter et acheter huiles, vins et boîtes de pains d'épice. (☏ 02-512 24 10 ; rue Ernest Allard 3 ; Ⓜ Porte de Namur)

Le Perroquet CAFÉ

17 ✗ Plan p. 94, B6

Parfait pour prendre un verre ou manger sur le pouce (salades et croque-monsieur), ce café Art nouveau arborant vitraux, tables en marbre et lambris constitue une halte pleine de cachet, et à moindre coût, dans un quartier où ce genre d'établissement fait défaut. (Rue Watteeu 31 ; repas légers 8-14 € ; ☉ 12h-1h ; Ⓜ Porte de Namur)

Comprendre

Les racines du Benelux

En 1585, Bruxelles fut proclamée capitale des Pays-Bas espagnols. Les ambitions françaises de domination de l'Europe provoquèrent de nombreux conflits dans cette région tampon. Les combats culminèrent avec la Guerre de Succession d'Espagne (1701-1713), à l'issue de laquelle les Pays-Bas espagnols passèrent aux mains des Habsbourg d'Autriche, avant d'être annexés par la France en 1794. En 1815, la bataille de Waterloo, qui vit la défaite de Napoléon Ier, marqua un tournant pour la région. Le congrès de Vienne consacra la naissance du Royaume-Uni des Pays-Bas, comprenant les Pays-Bas, la Belgique et le Luxembourg.

La révolution belge commença de façon spectaculaire à Bruxelles, le 25 août 1830, lors d'un opéra évoquant la révolte de Naples contre les Espagnols deux siècles auparavant. Le public, essentiellement bourgeois, se joignit aux ouvriers qui manifestaient contre les souverains néerlandais et la foule envahit l'hôtel de ville. Une nouvelle nation allait naître.

La Belgique fut reconnue comme État indépendant et neutre lors de la conférence de Londres en janvier 1831. Le 21 juillet de la même année (aujourd'hui fête nationale), Léopold de Saxe-Cobourg Gotha devint le roi Léopold Ier de Belgique. Les années suivantes virent l'émergence du nationalisme flamand, les tensions croissantes entre néerlandophones et francophones se soldant par la partition linguistique en 1898.

Léopold II (règne 1865-1909) accéda au trône à la mort de son père en 1865 et voulut faire de son pays une nation puissante, notamment par la conquête coloniale. En 1885, il acquit personnellement dans le centre de l'Afrique une zone soixante-dix fois plus vaste que la Belgique, correspondant à l'actuelle République démocratique du Congo (RDC). Au cours des 25 années qui suivirent, des millions d'Africains moururent des atrocités perpétrées dans les plantations d'hévéas. En 1908, face à la montée de la pression internationale, le souverain dut céder ses possessions à l'État belge, qui contrôla le territoire jusqu'en 1960.

Prendre un verre

Brasserie Ploegmans PUB

18 Plan p. 94, A6

Avec ses banquettes en bois surmontées de miroirs et son carrelage en damier de 1927, c'est une brasserie locale typique, réputée pour ses spécialités bruxelloises. (www.ploegmans.be ; rue Haute 148 ; plats 13,50-18,5 € ; ☉12h-14h30 mar-ven et 18h-22h mar-sam, fermé août ; ⓂLouise)

Sortir

BOZAR CONCERTS

19 ⭐ Plan p. 94, C4

Conçu par Victor Horta en 1928, ce bâtiment Art déco est le siège de l'orchestre national de Belgique et de la Société philharmonique. La salle Henri Le Bœuf se distingue par son acoustique remarquable. BOZAR accueille aussi de grandes expositions artistiques et scientifiques. (www.bozar.be ; Palais des Beaux-Arts, rue Ravenstein 23 ; ⓂGare Centrale)

Cinematek CINÉMA

20 ⭐ Plan p. 94, D4

Dans une aile du centre culturel BOZAR, ce lieu moderne et stylé comprend un petit musée qui rassemble des archives et des objets en lien avec le cinéma. Son véritable attrait réside toutefois dans les projections de films muets accompagnés au piano. On peut également voir ici une programmation d'art et d'essai impressionnante. (☎02-507 83 70 ; www.cinematheque.be ; rue Baron Horta 9 ; ⓂGare Centrale)

Cirque Royal THÉÂTRE

21 ⭐ Plan p. 94, E1

Spectacles de danse, opérettes, concerts classiques et musiques actuelles dans un cirque en dur reconverti. (☎02 218 20 15 ; www.cirque-royal.org ; rue de l'Enseignement 81 ; ⓂMadou)

Théâtre Les Tanneurs THÉÂTRE

22 ⭐ Plan p. 94, A6

Situé à la lisière des Marolles, cet espace dynamique fait la part belle au théâtre et à la danse. (☎02-512 17 84 ; www.lestanneurs.be ; rue des Tanneurs 75 ; ⓂLouise)

 À savoir

Brussels Greeters

Une bonne façon d'appréhender un quartier ou un domaine spécifique comme la gueuze ou la politique belge consiste à contacter Brussels Greeters (www.brussels.greeters.be) deux semaines avant son séjour. Il suffit de remplir un simple formulaire en ligne pour être mis en rapport avec un habitant de Bruxelles qui vous conduira sur les sites pertinents. Le parcours de visite dure de 2 à 4 heures, avec généralement une pause café ou déjeuner. La prestation est gratuite et les pourboires interdits.

Shopping

Pierre Marcolini
ALIMENTATION

23 Plan p. 94, B5

Des fèves de cacao rares, des saveurs insolites (comme le chocolat au thé) et des coffrets noir design : voilà pourquoi les pralines de Pierre Marcolini sont les plus tendance et les plus onéreuses. (📞 02-512 43 14 ; www.marcolini.be ; rue des Minimes 1 ; chocolat 70 €/kg ; 🕙 10h-19h dim-jeu, jusqu'à 18h ven-sam ; Ⓜ Porte de Namur)

Mary
ALIMENTATION

24 Plan p. 94, E1

Le fournisseur de pralines de la famille royale belge et, à l'occasion, des présidents des États-Unis. (📞 02-217 45 00 ; www.mary.be ; rue Royale 73 ; chocolat 58 €/kg ; 🕙 10h-18h lun-sam ; Ⓜ Madou)

Marché des antiquaires du Sablon
MARCHÉ

25 Plan p. 94, B5

Une bonne centaine d'antiquaires se réunissent le week-end sur cette place élégante, proposant porcelaine, cristallerie, bijoux, mobilier, faïences bretonnes du XVIIIe siècle et autres objets d'antan. Haut niveau de qualité et prix en rapport. (www.sablon-antiques-market.com ; place du Grand Sablon ; 🕙 9h-18h sam, jusqu'à 14h dim ; Ⓜ Porte de Namur)

Comprendre

Composition des noms

La Région de Bruxelles-Capitale englobe l'unique zone de Belgique qui soit officiellement bilingue. Ce bilinguisme implique que les communes, les rues, les gares et d'autres lieux ont souvent deux noms. Ainsi la commune d'Ixelles s'appelle-t-elle Elsene en néerlandais. Sur les panneaux de rues, le français apparaît en premier (ex : Petite Rue de la Violette/Korte Violetstraat). Dans le quartier des Marolles, la signalétique inclut en plus le dialecte bruxellois, ce qui donne des inscriptions à rallonge telles que "Rue Haute/Hoogstraat/Op d'Huugstroet". Pour simplifier les choses, nous n'avons utilisé dans ce chapitre que les versions françaises.

Statue et église sur la place Royale (p. 98)

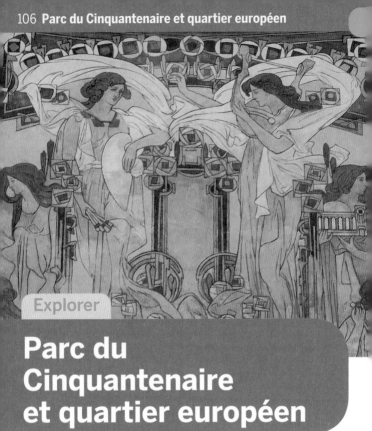

Explorer

Parc du Cinquantenaire et quartier européen

Avec ses immeubles de bureaux sans âme et sa circulation infernale, le siège des institutions européennes n'a pas la réputation d'être particulièrement esthétique. Il recèle pourtant des sites non dénués d'attrait, comme les musées nichés dans le parc du Cinquantenaire, les belles demeures du début du XXe siècle au bord du square Marie-Louise et les bâtiments où se décide la politique de l'Union Européenne.

L'essentiel en un jour

Commencez par une balade dans le parc Léopold suivie, si la politique européenne vous intéresse, de la visite guidée du **Parlement européen** (p. 113) qui commence à 10h. Sinon, allez voir les squelettes de dinosaures du spectaculaire **musée des Sciences naturelles** (p. 113). Dirigez-vous ensuite vers le **parc du Cinquantenaire** et profitez de la vue sur le quartier depuis l'Arcade du Cinquantenaire, accessible par le Musée militaire. En face du parc, prenez le temps d'admirer la façade de la **maison Cauchie** (p. 109, photo de gauche), chef-d'œuvre de l'Art nouveau.

Accordez-vous une pause déjeuner au restaurant du **Musée du Cinquantenaire** (p. 110), puis consacrez plusieurs heures à ses riches collections. Après quoi, vous pourrez vous détendre dans le parc ou vous rendre, via le **Berlaymont** (p. 115) en forme d'étoile, jusqu'au **square Marie-Louise** (p. 115), entouré de hauts immeubles élancés, dont certains Art nouveau.

Le secteur ne brille guère par sa vie nocturne, mais **L'Atelier Européen** (p. 116) permet de dîner dans un cadre chic. Autrement, la vivante place Jourdan abrite restaurants, bars, pizzerias et, comme il se doit, un stand de frites.

Les incontournables

Parc du Cinquantenaire (p. 108)

Musée du Cinquantenaire (p. 110)

💜 Le meilleur du quartier

Gastronomie

Stirwen (p. 116)

L'Atelier Européen (p. 116)

Espaces verts

Parc du Cinquantenaire (p. 108)

Parc Léopold (p. 115)

Comment y aller

Ⓜ **Métro** Le métro est le moyen de transport le plus pratique. Descendez à la station **Mérode** pour les musées, **Schuman** pour les bâtiments de l'UE, **Maelbeek** pour le square Marie-Louise.

Les incontournables
Parc du Cinquantenaire

Malgré sa vocation fonctionnelle, le quartier
conserve d'élégants jardins et places, tel le parc
du Cinquantenaire. Celui-ci renferme plusieurs
musées intéressants ainsi que l'Arcade du
Cinquantenaire, bâtie entre 1880 et 1905 pour
célébrer le 50ᵉ anniversaire de la Belgique (du fait
de la durée du chantier, une maquette en plâtre
occupa longtemps le site).

👁 Plan p. 112, E3

rue de la Loi et rue
Belliard

Ⓜ Mérode

Parc du Cinquantenaire

À ne pas manquer

Maison Cauchie
La célèbre **maison Cauchie** (☎02-733 86 84 ; www.cauchie.be ; rue des Francs 5 ; adulte/enfant 5 €/gratuit ; 🕙10h-13h et 14h-17h30 1ers sam et dim du mois, plus 18h-20h30 presque tous les soirs mai-août), trésor de l'Art nouveau, arbore une somptueuse façade de 1905 ornée de personnages féminins autour d'un grand œil de bœuf doté d'un balconnet. Réservez à l'avance pour voir les superbes pièces du rez-de-chaussée.

Musée royal de l'Armée et d'Histoire militaire
Pour les passionnés, le **musée royal de l'Armée et d'Histoire militaire** (☎02-737 78 11 ; www.klm-mra.be ; parc du Cinquantenaire 3 ; entrée libre, 🕙10h-18h mar-dim ; Ⓜ Mérode) présente de vastes collections d'armes, d'uniformes, de véhicules, de vaisseaux de guerre, de peintures et de documents datant du Moyen Âge au début du XXe siècle.

Autoworld
La Belgique possédait avant la Seconde Guerre mondiale un secteur automobile prospère. En témoigne la collection d'**Autoworld** (www.autoworld.be ; parc du Cinquantenaire ; adulte/Brussels Card 9€/gratuit 🕙10h-18h avr-sep, jusqu'à 17h oct-mars ; Ⓜ Mérode), riche de quelque 400 véhicules (Ford Model T, deux-chevaux Citroën, et bien d'autres modèles jusqu'aux années 1970), à admirer dans un étonnant bâtiment à structure métallique datant de 1880. Vous remarquerez la Harley-Davidson que l'actuel roi des Belges offrit aux forces de police après avoir décidé d'arrêter la moto.

☑ À savoir

▶ Le sommet de l'Arcade du Cinquantenaire, accessible par un escalier ou un ascenseur depuis le musée militaire, offre une vue panoramique sur la ville.

▶ En été, l'Arcade sert de toile de fond à un cinéma en drive-in.

▶ Dans la partie nord-ouest du parc, cherchez le pavillon Horta de style néoclassique, première commande de l'architecte et, à ce titre, peu caractéristique de son œuvre.

▶ Venez plutôt un mardi pour pouvoir visiter le soir la maison Cauchie.

✗ Une petite faim/soif ?

Nombre de cafés, bars et restaurants se concentrent sur la place Jourdan, où se trouve aussi la Maison Antoine (p. 115), fameux stand de frites.

Les incontournables
Musée du Cinquantenaire

Les Belges ignorent souvent les merveilles qui se cachent dans les cavernes de ce musée d'antiquités. Ses très riches et très vastes collections vont des sarcophages de l'Égypte ancienne aux masques mésoaméricains, des icônes russes aux vélos en bois. On retiendra en particulier les sculptures médiévales disposées dans un cloître néogothique et la mosaïque romaine de Syrie entourée de fausses colonnes corinthiennes en fibre de verre.

👁 Plan p. 112, D3

www.kmkg-mrah.be

Parc du Cinquantenaire 10

adulte/enfant /Brussels Card 5/1,5 €/gratuit

🕒9h30-17h mar-ven, 10h-17h sam et dim

Ⓜ Mérode

Salle d'exposition, musée du Cinquantenaire

À ne pas manquer

Antiquités

D'une variété impressionnante, le département des antiquités couvre aussi bien l'Égypte pharaonique, avec dix momies et sarcophages, que les premières implantations humaines découvertes en Belgique. La galerie dédiée à la Syrie romaine, qui renferme une mosaïque du Ve siècle saisissante représentant des scènes de chasse au tigre et au lion, retient l'attention.

Arts décoratifs européens

Si la plupart des visiteurs se précipitent vers les superbes créations Art nouveau et Art déco montrées dans des vitrines conçues par Victor Horta, il existe aussi des salles consacrées au arts roman, Renaissance et baroque, une collection de tapisseries régulièrement modifiée, une salle remplie d'horloges et d'instruments astronomiques et même un ensemble de 35 luges peintes des années 1930-1940.

Civilisations non européennes

L'étendue de cette section, où se côtoient art précolombien, coiffes amérindiennes, divinités hindoues, bouddhiques et jaïnes, céramiques chinoises, textiles islamiques rares, art byzantin et tissus coptes, donne le tournis. Ne manquez pas le moaï de l'île de Pâques, colosse de pierre de six tonnes ramené dans les années 1930 par une expédition franco-belge.

Sur les traces de Tintin

Des pièces du musée ont inspiré des albums de Tintin : une effrayante momie a ainsi servi de modèle à l'Inca Rascar Capac des *Sept Boules de cristal*, et une figure votive en bois au fétiche arumbaya de *L'Oreille cassée*.

☑ À savoir

▶ Déterminez à l'avance ce que vous souhaitez voir sous peine d'être submergé par l'étendue des collections. Les pièces maîtresses sont signalées sur le site Internet.

▶ Gratuit le premier mercredi du mois après 13h.

▶ Le restaurant du musée propose un brunch le dimanche.

▶ La boutique vend des guides sur les collections, ainsi que les habituels cadeaux et souvenirs.

✗ Une petite faim ?

Le musée comporte un bistrot haut de gamme réputé, **Le Midi Cinquante** (☎ 02-735 87 54 ; plats 13-15 € ; ⊙ 9h30-16h30, fermé lun), dont la terrasse donne sur le parc.

500 m

Nos adresses

Mérode

9

13

Parc du Cinquantenaire

Ave des Gaulois

Ave des Celtes

Ave de la Chasse

Ave de la Chevalerie

14

Musée du Cinquantenaire

Parc du Cinquantenaire

Ave des Nerviens

Chaussée St-Pierre

R Louis Hap

Pl de Jambinne de Meux

R des Patriotes

R Franklin

Sq Marguerite

12

Ave de la Renaissance

Ave Cortenbergh

Ave Michel-Ange

Berlaymont Building

R Archimède

R Froissart

Schuman

5

Rond-Point Schuman

Ave d'Auderghem

8

R Breydel

R du Cornet

R Général Leman

R Jourdan

Pl P.
16 10
11

7

Square Marie-Louise

Sq Marie-Louise

Sq Louise Ambiorix

3

Ave Palmerston

Blvd Charlemagne

Quartier Européen

Ave Livingstone

R Stérin

R Joseph II

Maelbeek

R de la Loi

R de Lalaing

R d'Arlon

Parc Léopold

4

Musée des Sciences Naturelles

R Vautier

Chaussée de Wavre

ETTERBEEK

R Hamer

R Guimard

Sq de l'industrie

R de l'industrie

Sq Frère-Orban

R Belliard

R Montoyer

R de la Science

R de Bourgogne

R d'Arlon

Pl de Trèves

R de Marie de Bourgogne

Gare du Luxembourg

Luxembourg

2

Parlement Européen Brussels-Luxembourg

R Wiertz

R du Parnasse

R d'Idalie

R Godecharle

R Goffart

R du Commerce

Sq de Meeus

R du Luxembourg

R du Trône

15

R Caroly

Arts-Loi

Pl du Luxembourg

Parc Léopold

CLÉMENT PHILIPPE/AGE FOTOSTOCK ©

Musée des Sciences naturelles

Voir

Musée des Sciences naturelles

MUSÉE

1 ⊙ Plan p. 112, B4

Provocateur et fortement interactif, ce musée va bien au-delà de la classique collection d'animaux naturalisés. Il présente surtout d'imposants iguanodons de 10 m de haut, mis au jour dans une mine de charbon du Hainaut en 1878. Une simulation par ordinateur reproduit la coulée de boue qui les a probablement ensevelis, des bacs à sable permettent de jouer les chercheurs de dinosaures et des vidéos en plusieurs langues illustrent les dernières avancées de la paléontologie. (☏ 02-627 42 38 ; www.naturalsciences.be ; rue Vautier 29 ; adulte/tarif réduit/enfant/Brussels Card 7/6/4,50 €/gratuit ; ⊙ 9h30-17h mar-ven, 10h-18h sam et dim ; 🚍 38 (direction Homborch ; départ à côté de la Gare Centrale) arrêt De Meeus sur la rue du Luxembourg)

Parlement européen

BÂTIMENT

2 ⊙ Plan p. 112, B3

À l'intérieur de cet édifice en verre bleu résolument daté, qui n'a pourtant que dix ans, les passionnés de politique pourront assister à une session parlementaire dans le gigantesque hémicycle ou faire la

Comprendre

L'avenir de la Belgique

Si la Belgique joue un rôle central dans le consensus politique de la Commission européenne et de l'Otan, l'ironie du sort veut que sa propre identité culturelle et linguistique lui pose problème. Nulle part dans le pays les antagonismes ne sont aussi marqués qu'à Bruxelles, ville bilingue, où une réelle division existe entre les habitants de langue française et la communauté flamande.

En 2006, la chaîne francophone RTBF a interrompu ses programmes pour diffuser une séquence dans laquelle un reporter campé devant le Palais royal annonçait que la Flandre avait déclaré son indépendance et qu'Albert II avait quitté le pays. Elle a révélé une demi-heure plus tard qu'il s'agissait d'un canular visant à souligner l'importance du débat en cours sur l'avenir de la Belgique.

La question de la partition de la Belgique demeure en effet latente. Bruxelles, capitale de l'UE située en Flandre mais rattachée linguistiquement à la Wallonie, reste la principale pomme de discorde. L'avenir de la minuscule région germanophone constitue aussi un enjeu. Sans oublier que la monarchie belge est parfois remise en question, notamment par certains jeunes qui la jugent anachronique.

En cas de division, la Wallonie ne rejoindra sûrement pas la France, ni la Flandre les Pays-Bas (même si les Néerlandais soutiennent massivement l'idée de voir la Flandre s'intégrer à leur nation). Les deux régions deviendraient sans doute indépendantes, et Bruxelles une cité-État, peut-être même administrée par l'UE. L'unification juridique et économique permise par l'UE rendrait l'existence de nations aussi petites plus viable qu'à aucun autre moment de l'histoire moderne.

En réalité, la plupart des Belges ne veulent pas d'une partition. Outre les liens affectifs, le qualificatif "belge" est devenu une marque de fabrique synonyme de prestige et de qualité, au rayonnement international. Certains considèrent que cette image positive serait amoindrie si la Flandre et la Wallonie formaient deux pays séparés, car elles ne jouissent pas d'une réputation internationale établie. La Belgique devrait donc se maintenir encore quelque temps.

100% Bruxellois

Maison Antoine

Les Bruxellois se divisent en deux catégories : non pas les francophones et les néerlandophones, ni les Belges et les expatriés, mais entre fidèles de la Maison Antoine et les ardents défenseurs de la baraque de la place Flagey. Les frites de la **Maison Antoine** (place Jourdan ; à partir de 2 € ; ⊙11h30-1h dim-jeu, jusqu'à 2h ven et sam ; Ⓜ Schuman), plongées deux fois dans la graisse de bœuf, ont la faveur de hauts fonctionnaires et de célébrités, comme des touristes.

KRIS VANDEREYCKEN/SHUTTERSTOCK ©

Édifice Berlaymont

visite des lieux avec un casque audio multilingue quand le Parlement ne siège pas. Départ du **centre d'accueil des visiteurs**, dans la section Paul-Henri Spaak. (☎02-284 34 57 ; www. europarl.europa.eu ; rue Wiertz 43 ; entrée libre ; ⊙visites 10h et 15h lun-jeu, 10h ven ; 🚌38 (direction Homborch ; départ à côté de la Gare Centrale) arrêt De Meeus sur la rue du Luxembourg)

Square Marie-Louise SQUARE

3 Plan p. 112, B1

Vous pourrez nourrir les canards dans la jolie mare bordée d'arbres, de verdure et de hautes demeures pleines d'élégance, jeter un œil à la fausse grotte et contempler du côté est deux ou trois belles maisons de style Art nouveau. (près de l'avenue Palmerston ; Ⓜ Maelbeek)

Parc Léopold PARC

4 Plan p. 112, B3

Cet espace vert en pente, zoo de Bruxelles jusqu'en 1880, forme aujourd'hui une agréable oasis juste derrière le Parlement européen. (Ⓜ Schuman)

Berlaymont ÉDIFICE

5 Plan p. 112, C2

Le vaste édifice Berlaymont, doté de quatre ailes, abrite le siège de la Commission européenne. Datant de 1967, son architecture attire l'œil mais on ne saurait le qualifier de beau bâtiment – et ce, malgré les travaux de reconstruction d'un milliard d'euros, entre 1991 et 2004, qui ont permis d'en ôter l'amiante. Des panneaux d'information à l'extérieur présentent l'histoire du quartier et le rôle de Bruxelles sur la scène internationale. L'édifice n'est pas ouvert au public. (rue de la Loi 200 ; Schuman)

À savoir

Demeures Art nouveau

L'**hôtel van Eetvelde**

(av. Palmerston 2-4 ; Schuman), privé, ne peut être vu que dans le cadre d'une visite guidée ARAU tour (ARAU ; ☑02-219 33 45 ; www.arau. org ; bd Adolphe Max 55 ; ⏱avr/mi-déc ; De Brouckère). Si son architecture extérieure n'a rien d'exceptionnel, l'aménagement intérieur est un chef-d'œuvre de Victor Horta en bois exotiques, coiffé d'un dôme en verre aux motifs végétaux d'inspiration africaine. L'ancien propriétaire, le baron Edmond Van Eetvelde (1853-1925), fut secrétaire général pour l'État indépendant du Congo et, non par hasard, le haut fonctionnaire le mieux payé du pays.

La **maison Saint-Cyr** (Sq Ambiorix 11 ; ⏱fermé) toute en hauteur, construite en 1903, comporte notamment des balustrades de balcon en ferronnerie tarabiscotée, une loggia ronde au dernier étage et une exubérante décoration en fer forgé à son sommet.

Se restaurer

L'Atelier Européen

BELGE €€

6 Plan p. 112, C2

Au bout d'une ruelle, dans une cour entourée de haies, cet ancien entrepôt de vins affiche une petite carte raffinée de viande et de poisson – sauté de veau et bar grillé, par exemple – ainsi que deux ou trois plats végétariens. Le vin est bien sûr à l'honneur, avec une sélection soignée et des crus du mois. (☑02-734 91 40 www.atelier-euro.be ; rue Franklin 28 ; plats 14-29 € ; ⏱12h-14h30 et 19h-22h30 lun-ven ; Schuman)

Stirwen

FRANÇAIS €€€

7 Plan p. 112, C4

Ce restaurant établi de longue date plaît au palais délicat du personnel des instances européennes. Sa cuisine française traditionnelle toujours réussie compense l'aspect plutôt sombre et conventionnel du cadre. (☑02-640 85 41 ; www.stirwen. be ; chaussée Saint-Pierre 15 ; plats 28-36 € ⏱12h-24h lun-ven ; Schuman)

Au Bain Marie

ITALIEN €€

8 Plan p. 112, C3

Comme son nom ne l'indique pas, il s'agit d'une table italienne à l'atmosphère accueillante et détendue. En été, préférez la terrasse. (☑02-280 48 88 ; rue Breydel 46 ; plats à partir de 13 € ; ⏱12h-22h lun-ven ; Schuman)

Parlement européen (p. 113)

Capoue

GLACES €

9 Plan p. 112, E3

Ce glacier décline un large éventail de parfums, parmi lesquels l'inévitable *spéculoos*. Yaourts glacés et en-cas complètent l'offre. (☎ 02-705 37 10 ; www.capoue.com ; avenue des Celtes 36 ; ⏰ 12h-22h ; Ⓜ Mérode)

Prendre un verre

Café de l'Autobus

BAR

10 Ⓠ Plan p. 112, C4

Dans ce vieux bar en face de la Maison Antoine, la plus célèbre friterie de Bruxelles, le patron ne vous en voudra pas si vous entrez avec votre cornet pour boire une ou deux bières. Le dimanche, les commerçants du marché d'alimentation de la place Jourdan viennent y faire une pause. (☎ 02-230 63 16 ; place Jourdan ; Ⓜ Schuman)

Chez Bernard

BAR

11 Ⓠ Plan p. 112, C4

Un classique bar belge à l'ancienne, dont la bière constitue la principale attraction. Vous pouvez acheter des frites en face, chez la Maison Antoine, et venir Chez Bernard pour les accompagner d'une consommation. (☎ 02-231 10 73 ; place Jourdan 47 ; ⏰ 11h-minuit ; Ⓜ Schuman)

Comprendre
Histoire belge

N'en déplaise aux Anglo-Saxons, les "French Fries" sont belges, tout comme les gaufres bruxelloises proviennent en réalité de Gand. La confusion remonte à la Première Guerre mondiale : en Flandre occidentale, les soldats anglais entendaient leurs homologues belges, amateurs de frites, s'exprimer en français (les ordres étaient donnés dans cette langue, même aux néerlandophones, d'où parfois des conséquences tragiques) et se méprirent sur leur nationalité.

Les frites sont préparées à partir de pommes de terre bintje de Belgique ou des Pays-Bas. Coupées à la main, épaisses de 1 cm (plus fines, elles absorbent trop d'huile et brûlent), elles sont cuites une première fois, puis une seconde à plus haute température, pour devenir à la fois croustillantes et moelleuses. On les sert dans un cornet en papier et on les accompagne de multiples sauces, dont la classique mayonnaise. Si vous hésitez, choisissez l'andalouse, légèrement épicée.

Piola Libri

BAR

12 Plan p. 112, D1

Les eurocrates italiens aiment décompresser après le travail sur les canapés, la terrasse ou dans le jardinet triangulaire à l'arrière de cette librairie/café-bar conviviale, tout en dégustant de petits en-cas arrosés de vin blanc frais. Programme éclectique de lectures et de soirées avec DJ. (☏02-736 93 91 ; www.piolalibri. be ; rue Franklin 66 ; ☉12h-20h lun-ven, 12h-18h sam, fermé août ; 🛜Ⓜ Schuman)

La Terrasse

PUB

13 Plan p. 112, E3

À proximité du parc du Cinquantenaire, ce café lambrissé classique et sa terrasse à l'ombre des arbres constituent l'endroit parfait pour prendre un rafraîchissement après la tournée des musées. Pour changer un peu de l'ordinaire, commandez la "bière du mois". Carte d'en-cas, crêpes, glaces, petits-déjeuners (à partir de 3,90 €) et plats de brasserie corrects. (☏02-732 28 51 ; www.brasserielaterrasse.be ; ave des Celtes 1 ; bières 2,40-4,50 € ; plats 9,90-18 € ; ☉8h-24h lun-sam, 10h-minuit dim ; Ⓜ Mérode)

Sortir

Arcade du Cinquantenaire

CINÉMA

14 ⭐ Plan p. 112, D3

Demandez à l'office du tourisme la programmation du cinéma d'été en drive-in (des casques sont aussi disponibles pour ceux qui

Parc Léopold (p. 115)

n'ont pas de voiture) proposée sous l'arcade du Cinquantenaire, dans le parc éponyme. (parc du Cinquantenaire ; **M** Mérode)

Shopping

Crush Wine
VIN

15 🔒 Plan p. 112, A3

Bruxelles est trop fière pour avoir des bars à bière australiens, mais suffisamment cosmopolite pour accueillir cette magnifique cave rassemblant plus de 190 vins d'Australie, un choix sans équivalent en Europe, parmi

lesquels des crus rares de Tasmanie et des dizaines de rouges de Margaret River. Dégustations quotidiennes, tapas et événements réguliers. Appelez pour connaître les heures d'ouverture le samedi. (📞 02 502 66 97 ; www.crushwine.be ; rue Caroly 39 ; ⏰11h-19h lun-ven, plus un sam par mois ; **M** Trône)

Marché de la place Jourdan
MARCHÉ

16 🔒 Plan p. 112, C4

Petit marché dominical d'alimentation et de vêtements, à parcourir avant de siroter un café sur la place. (place Jourdan ; ⏰7h-14h dim ; **M** Schuman)

Les incontournables
Musée Horta

Comment y aller

La ligne 92 part de la place Louise (15 min ; toutes les 15 min)

L'extérieur ne le laisse pas présager, mais l'ancienne maison de Victor Horta, chef de file de l'architecture Art nouveau en Belgique, est un joyau qu'il a lui-même conçu et construit entre 1898 et 1901. Baignées de couleurs chaudes, les salles du rez-de-chaussée sont carrelées du sol au plafond. Dans les étages, Horta a distillé ses touches personnelles dans de petites pièces plus intimes. Le sous-sol offre une vue d'ensemble de son œuvre, avec notamment la maquette de sa magnifique Maison du Peuple, aujourd'hui détruite.

Montée d'escalier Art nouveau

À ne pas manquer

Escalier

L'escalier est la pièce maîtresse de la maison. Les nœuds et les fioritures de la rampe deviennent de plus en plus exubérants au fil de la montée, débouchant sur un enchevêtrement de volutes et de lanternes qui s'élèvent jusqu'à la verrière du plafond, garnie de vitres blanches et jaune citron.

Salle à manger

La mosaïque au sol, les vitraux étincelants et les briques en céramique aux murs reflètent la lumière dans cette pièce très harmonieuse, remplie de meubles en frêne américain, de cuivres brillants et de couleurs dans les tons roses et orange. La pièce donne sur le salon à travers des portes vitrées qui créent une belle continuité avec le jardin derrière.

Chambres

On trouve d'autres meubles en frêne américain dans la chambre de Horta. La chambre de la fille de Horta est agrémentée d'un ravissant jardin d'hiver, et on ne peut qu'envier ceux qui ont été invités à séjourner dans la chambre d'amis, au dernier étage de la maison.

Extérieur

Comme souvent dans les réalisations d'Horta, la façade est assez austère, mais intéressante à contempler une fois la visite de l'intérieur terminée ; cherchez la balustrade en forme de libellule de la fenêtre de la chambre d'amis et le balcon en métal d'inspiration industrielle.

☏ 02-543 04 90

www.hortamuseum.be

rue Américaine 25

adulte/enfant 8/4 €

🕓 14h-17h30 mar-dim

Ⓜ Horta, 🚊 91, 92

☑ À savoir

► Pour plus de détails, achetez l'excellent guide du musée (10 €).

► Visites limitées à 45 personnes, arrivez en avance.

► Pour voir la maison et d'autres bâtiments Art nouveau avec un guide, réservez le circuit en bus proposé par ARAU (☏ 02-219 33 45 ; www.arau.org ; 3 heures ; 19 €).

► Le Bruxelles Art nouveau à pied (p. 128).

✗ Une petite faim ?

Prenez un verre de vin accompagné de fromage à l'**Œno tk** (☏ 02-534 64 34 ; rue Africains 86, Saint-Gille ; 🕓 11h-20h lun-mar, 11h-22h30 mer-sam).

100% Bruxellois
Un petit tour dans les Marolles

Comment y aller

L'ascenseur en verre de la place Poelaert, devant le palais de Justice, vous évite la descente escarpée jusqu'aux Marolles.

Ⓜ Gare du Midi et Porte de Hal sont les stations les plus proches.

Enclave populaire partiellement embourgeoisée, le quartier des Marolles est connu pour son parler gouailleur et ses bars sans prétention. Pour en apprécier toute l'histoire, rendez-vous place du Jeu de Balle ou dans un bistrot. Les cheminées en brique délabrées sont un autre vestige du passé industriel de la zone. Programmez votre visite un dimanche pour flâner au marché de la gare du Midi (mais la brasserie sera fermée) ; pour assister à la messe du matin à l'église, visitez ces sites dans le sens inverse.

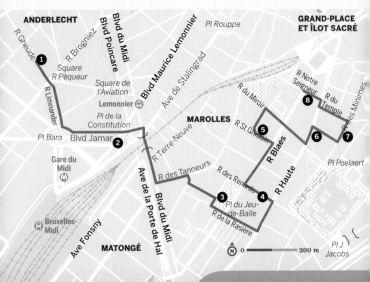

❶ Déguster des bières

Si vous êtes dans le quartier en semaine, visitez le **musée bruxellois de la Gueuze** (☎02-521 49 28 ; www.cantillon.be ; rue Gheude 56 ; entrée 7 € ; ⏰9h-17h lun-ven, 10h-17h sam ; Ⓜ Clemenceau), qui permet de découvrir les coulisses de la fabrication de cette bière unique à base de lambic. Dégustation au programme.

❷ Flâner au marché de la gare du Midi

Si vous êtes dans le quartier un dimanche, rendez-vous au **marché** (Gare du Midi ; ⏰6h-13h dim ; Ⓜ Gare du Midi) de la gare du Midi. Réputé être le plus grand d'Europe, ce vaste marché proche des grandes lignes a des saveurs cosmopolites : épices, fromages, viandes, cuirs, ainsi que des produits méditerranéens et nord-africains garnissent ses étals colorés.

❸ Chiner au marché aux puces de la place du Jeu de Balle

Les Marolles authentiques font encore entendre leur gouaille sur ce **marché aux puces** (Place du Jeu-de-Balle ; ⏰7h-14h ; Ⓜ Porte de Hal Ⓜ Lemonnier) chaotique, créé en 1919. C'est le week-end qu'il est le plus animé, mais les meilleures affaires se font en semaine, tôt le matin. Faites une pause au **Marseillais**, à l'angle nord-est de la place, qui sert 55 variétés de pastis.

❹ Remonter la rue des Renards

Cette rue étroite illustre l'évolution du quartier : boutiques branchées vintage et rétro font face aux petites maisons ouvrières et aux restaurants traditionnels. En haut de la rue, vous tomberez peut-être sur un vestige : une carriole vendant de petites portions d'escargots.

❺ Admirer le jardin d'enfants de Horta

Ce charmant **bâtiment** (rue St-Ghislain 40 ; Ⓜ Porte de Hal) ne peut être admiré que de l'extérieur. Appréciez les motifs floraux, l'amusante tour et la façade rayée de gris et de blanc.

❻ Visiter la maison de Bruegel

Le **musée** (☎02-513 89 40 ; rue Haute 132) aménagé dans cette demeure à pignons où vécut et mourut Bruegel l'Ancien n'ouvre que sur réservation. Téléphonez ou renseignez-vous auprès de l'office du tourisme.

❼ Voir Saints-Jean-et-Étienne aux Minimes

L'**église** est une immense structure baroque dégradée par les intempéries, achevée en 1715. La messe a lieu le dimanche à 11h30. L'acoustique est très bonne, et l'office inclut des chants grégoriens ou des cantates de Bach.

❽ Dîner à L'Idiot du Village

Il faut réserver pour avoir une table au pittoresque **L'Idiot du Village** (☎02-502 55 82 ; www.lidiotduvillage.be ; rue Notre Seigneur 19 ; plats environ 30 € ; ⏰12h-14h et 19h30-23h lun-ven ; Ⓜ Louise), caché dans une ruelle près des puces. Une cuisine riche et pleine de saveurs.

100% Bruxellois
Shopping à Sainte-Catherine

Sainte-Catherine est le quartier branché de la capitale. L'artère principale, la rue Antoine Dansaert, abrite les grands noms de la bouillonnante mode bruxelloise et des stylistes d'avant-garde, tandis que la rue de Flandre et la rue Léon Lepage accueillent des boutiques plus petites et plus décalées. Faites simplement du lèche-vitrines, ou bien déliez les cordons de votre bourse, et profitez des cafés branchés du quartier.

Comment y aller

🚋 La station de tramway la plus proche est Bourse, mais vous ne mettrez pas plus de 15 minutes à pied depuis la Grand-Place.

🎵 La station de métro la plus proche est Sainte-Catherine.

❶ Trésors vintage chez Gabriele

Chic et excentrique, **Gabriele** (☏02-512 67 43 ; gabrielevintage.com ; rue des Chartreux 27 ; ⏱13h-19h lun-mar, 11h-19h mer-sam ; 🚇Bourse) vend des trésors vintage. Les vêtements sont tous originaux et datent des années 1920 aux années 1980.

❷ Livres à Passa Porta

Cette élégante **librairie** (www.passaporta. be ; rue Antoine Dansaert 46 ; ⏱11h-19h mar-sam, 12h-18h dim ; 🚇Bourse) organise des événements littéraires (brochure sur place). Une excellente occasion de faire connaissance avec les Bruxellois.

❸ Vêtements de créateurs chez Stijl

Stijl (www.stijl.be ; rue Antoine Dansaert 74 ; 🚇Ste-Catherine) propose les créations des Six d'Anvers. Les jeunes talents sont également représentés (Haider Ackermann, Gustavo Lins, Raf Simons). L'adresse est branchée mais pas intimidante et les prix sont clairement indiqués. Pour hommes et femmes.

❹ Mode romantique à Just in Case

Vêtements poétiques inspirés du passé. La belle collection de **Just in Case** (justincase.be ; rue Léon Lepage 63 ; ⏱11h-19h mar-sam ; 🚇Ste-Catherine) est organisée par couleur.

❺ Bonnes affaires à Outlet Privejoke

Grandes marques de vêtements décontractés à prix cassés dans ce petit **magasin d'usine** (rue Léon Lepage 30 ; ⏱14h-19h mer-dim ; 🚇Ste-Catherine).

❻ Un verre Au Laboureur

Ambiance surannée garantie dans ce **bar** (rue de Flandre 108 ; bière 1,60 € ; ⏱9h30-22h ; 🚇Ste-Catherine) en angle plein de charme. Parfait pour siroter une bière.

❼ Mode décalée à Lowi

Vêtements et accessoires sous le signe de l'originalité à **Lowi** (www.lowi. be ; rue de Flandre 124 ; ⏱11h-18h30 mar-sam ; 🚇Ste-Catherine). Beaux bijoux en céramique et porcelaine.

❽ Paradis de la cuisine à Pimpinelle

Cette adorable **boutique** (www.pimpinelle. be ; rue de Flandre 57 ; ⏱ 11h-18h30 jeu-sam, fermé en août ; 🚇Ste-Catherine) vend des ustensiles de cuisine en céramique, des plats en étain, des moules à gâteaux, des marmites et des balances. Des ateliers de cuisine sont proposés dans la belle salle carrelée du fond.

❾ Artisanat à Micro Marché

Terminez votre shopping avec les créations alternatives et bon marché de jeunes artisans bruxellois au très branché **Micro Marché** (www. micromarche.com ; Quai à la Houille 9 ; ⏱16h-21h ven, 11h-19h sam-dim ; 🚇Ste-Catherine). La cour industrielle a été transformée en salle d'exposition et de spectacle, et l'endroit abrite aussi un café. Une adresse devenue incontournable dans le quartier.

Bruxelles et Bruges

selon ses envies

Restaurants du Markt (p. 24), Bruges
GONZALO AZUMENDI/GETTY IMAGES ©

Les plus belles balades
Bruxelles
Art nouveau

🏃 Itinéraire

L'Art nouveau est la signature architecturale de Bruxelles. Principal représentant de ce style, Victor Horta (1861-1947) a laissé des bâtiments audacieux où le fer forgé et le verre priment. Sa Maison du Peuple fut démolie en 1965, mais ce parcours permet d'admirer d'autres chefs-d'œuvre, ainsi que plusieurs édifices signés par ses contemporains. Seul le musée Horta est ouvert au public. Pour visiter certains intérieurs, participez à l'un des excellents **circuits guidés** (p. 121) de l'ARAU.

Départ Porte de Hal ; **Ⓜ** Porte de Hal

Arrivée Avenue Louise

Longueur 3 km ; 2 heures

🍴 Une petite soif ?

Concluez la promenade place Flagey où vous pourrez prendre un verre au **Café Belga** (📞02-640 3508 ; www.cafebelga.be ; place Flagey 18 ; 🕗8h-14h dim-jeu, jusqu'à 3h ven et sam ; 🚌81, 82) hyper branché.

Détails décoratifs Art nouveau à l'Hôtel Solvay, Bruxelles

MARTIN MOOS/GETTY IMAGES ©

❶ La Porteuse d'eau

De la **porte de Hal**, suivez la chaussée de Waterloo, puis prenez l'avenue Jean Volders. Au n°48, faites une halte dans le **café** La Porteuse d'Eau (vitraux colorés et boiseries aux courbes gracieuses).

❷ Hôtel Winssinger

L'**hôtel Winssinger**, un sobre édifice de Horta caractéristique de l'Art nouveau : encadrements de fenêtres métalliques et délicates balustrades à volutes.

❸ Musée Victor Horta

Peut-être aurez-vous envie de visiter séparément la **maison de Victor Horta** (p. 121) ? Quoi qu'il en soit, arrêtez-vous pour contempler sa façade simple dont les ouvrages en fer forgé reprennent des thèmes aquatiques. L'intérieur est dominé par les lignes sinueuses.

❹ Les Hiboux et l'hôtel Hannon

En empruntant l'avenue Brugmann, vous arrivez devant

deux constructions attenantes : **Les Hiboux**, bâtiment en brique rouge d'Édouard Pelseneer surmonté de deux hiboux en pierre et l'**hôtel Hannon** de Jules Brunfaut, orné d'un bas-relief et de vitraux.

❺ Maison et atelier Dubois

De l'autre côté de la rue, au n°80, se dresse la maison dessinée par Horta pour son ami Fernand Dubois. Elle abrite l'ambassade de Cuba, mais on peut contempler la vaste baie qui illumine l'atelier.

❻ Bâtiments de Paul Hankar

Remontez la rue Africaine pour découvrir aux n°s 48, 50 et 71 de la rue Defacqz plusieurs réalisations de Paul Hankar, aux façades plus ouvragées que celles de Horta, avec des frises et des fresques brillantes.

❼ Hôtel Tassel

Dans la rue Paul-Émile Janson, s'élève l'**hôtel Tassel** (1893), première œuvre Art nouveau de Horta qui en a conçu les mosaïques, les

vitraux, les boiseries et les poignées de portes.

❽ Hôtel Solvay

Au numéro 224 de l'avenue Louise se trouve l'**hôtel Solvay** (1903), conçu par Horta, et considéré comme l'un de ses chefs-d'œuvre. La façade ne laisse rien présager de la richesse du décor intérieur, composé de somptueux matériaux (bois tropicaux, bronze et onyx). Accessible uniquement via les circuits de l'ARAU.

Les plus belles balades
Parcs et canaux de Bruges

🏃 Itinéraire

Ce parcours en boucle mène du cœur de Bruges à de charmants espaces verts : le Koningin Astridpark et son petit kiosque à musique, le parc qui s'étire le long de Gentpoortvest, le vaste Minnewater et le ravissant jardin du béguinage (Begijnhof). Il revient ensuite vers les abords plus touristiques du Vismarkt.

Départ Vismarkt

Arrivée Vismarkt

Longueur 3 km ; 2 heures

🍴 Une petite faim ?

En prévision d'un pique-nique près du Minnewater, faites une halte dans la merveilleuse petite **pâtisserie Schaeverbeke** (📞050 33 31 82 ; Schaarstraat 2), débordante de gâteaux aux fruits crémeux, de croissants et de pain frais. On peut aussi acheter des fruits chez le marchand de primeurs en face.

Koningin Astridpark (parc Reine Astrid), Bruges

MICHAELUTECH/GETTY IMAGES ©

❶ Vismarkt

Ce joli **marché au poisson** (p. 42) à colonnades datant de 1821 bat son plein presque tous les jours. Plusieurs restaurants de fruits de mer donnent sur la charmante Huidenvettersplein, où se dressent des bâtiments typiques comme la maison de la guilde des tanneurs. Pour débuter la balade, sortez par l'extrémité sud du marché.

❷ Koningin Astridpark

Ce superbe endroit doit son nom à l'épouse suédoise du roi Léopold III, dont le buste se dresse à l'angle du parc, de même qu'un kiosque à musique. Sortez près de l'église néogothique de la Madeleine et arrêtez-vous à la **Pâtisserie Schaeverbeke** au n°2 Schaarstraat, avant d'emprunter Willemijnendreef.

❸ Gentpoort

La **Gentpoort** (porte de Gand) est l'une des quatre portes médiévales de la ville, d'où un agréable sentier longe la berge.

❹ Parc Minnewater

Le chemin débouche sur le pittoresque parc Minnewater aux parterres de fleurs soignés et aux allées retirées. Son paisible plan d'eau, aujourd'hui connu des Brugeois comme le "lac d'Amour", était jadis le port intérieur de la ville où l'on déchargeait les cargaisons de bois, d'épices et de soieries.

❺ Wijngaardplein

Wijngaardplein est une charmante place bien que touristique, dont les cafés un peu chers jouissent d'une vue évocatrice. Notez la fontaine à tête de cheval où s'abreuvaient les attelages.

❻ Begijnhof

En franchissant le petit pont à arches depuis la place, vous atteindrez le **béguinage** (p. 50) du XIIIᵉ siècle qui compte parmi les trésors de Bruges. Ses bâtiments chaulés s'organisent

autour d'un jardin planté d'arbres et couvert de jonquilles au printemps. **'t Begijnhuisje** (p. 51), le musée, dans une maison traditionnelle, et l'église valent le détour. Après

la visite, traversez le canal, suivez Wijngaardstraat et prenez à gauche Katelijne-straat. Tournez à droite dans Gruuthusestraat (qui devient Dijver) pour revenir au Vismarkt.

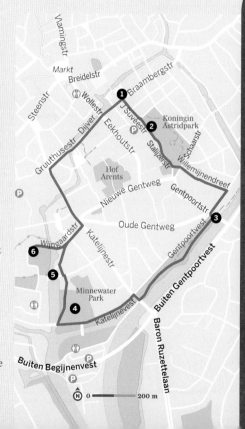

Les plus belles balades
Ouest de Bruges

🏃 Itinéraire

À Bruges, l'un des plaisirs suprêmes consiste à flâner au hasard hors des sentiers battus. Cette brève promenade décrit une boucle entre le Markt et l'ouest de la ville, via des églises historiques, des demeures Renaissance et des hospices. Il n'y a pas de monuments sensationnels, mais les touristes se font plus rares et la tranquillité règne dès qu'on s'éloigne à peine du centre.

Départ Markt

Arrivée Markt

Longueur 2,5 km ; un peu moins de 2 heures

🍴 Une petite faim ?

Tout près de Zuidzandstraat, le **Gran Kaffee De Passage** (p. 37) éclairé aux chandelles prépare une cuisine belge copieuse et nourrissante à prix avantageux.

SERNOVIK/GETTY IMAGES ©

Speelmansrei, Bruges

❶ Markt

Cœur de Bruges, la **Grand-Place** (p. 24) dominée par son haut beffroi donne à voir de remarquables édifices néogothiques. De là, empruntez la rue qui va vers le sud-ouest, Steenstraat, bordée de belles façades du XVIIe siècle.

❷ Simon Stevinplein

Un détour à droite vous conduira sur cette place séduisante qui porte le nom de Simon Stevin, un ingénieur, physicien et mathématicien flamand du XVIe siècle natif de Bruges. Profitez-en pour goûter les produits de **Chocolate Line** (p. 61), la boutique du chocolatier prodige Dominique Persoone. Cigare cubain et wasabi figurent parmi les surprenants parfums proposés.

❸ Zuidzandstraat

Longez Zuidzandstraat jusqu'à 't Zand et traversez la place pour prendre à gauche Boeveriestraat. Vous pouvez aussi faire un crochet par Beursplein (place de la Bourse), où le marché du samedi propose des fleurs, des poulets et des lapins vivants.

❹ Boerievest

L'itinéraire rejoint ici le bord du canal où se tient l'**Oud Waterhuis**. Des chevaux en actionnaient autrefois la roue pour tirer l'eau destinée aux puits et aux brasseries. Un chemin à droite traverse l'espace vert et débouche sur la **Smedenpoort**, une porte de la ville du XIVe siècle.

❺ Smedenstraat

Empruntez à droite Smedenstraat en direction du centre-ville. De là, ralliez Kreupelenstraat ou Kammakersstraat pour découvrir certains des hospices caractéristiques de Bruges.

❻ Speelmansrei

Engagez-vous à gauche dans Speelmansrei, qui décrit une courbe épousant la rive gauche du canal. Franchissez celui-ci, tournez à gauche dans Moerstraat, puis à droite dans Ontvangersstraat. Au bout de cette rue, prenez à gauche Noordzanstraat, très animée.

❼ Eiermarkt

Non loin à gauche s'étend la petite Muntplein, où les habitants se retrouvent pour manger des glaces chez **Da Vinci** (p. 38). Gagnez ensuite la jolie Eiermarkt, une petite place entourée de cafés, avant de retourner vers le Markt.

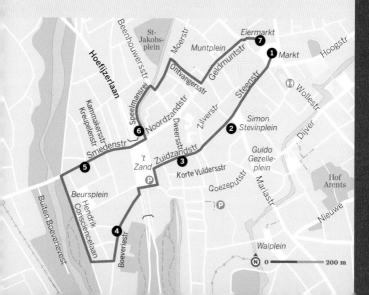

Envie de...
Restaurants

LONELY PLANET/GETTY IMAGES ©

Mieux vaut avoir un solide appétit car les restaurants de Bruxelles et de Bruges préparent un large éventail de plats savoureux. La Belgique compte par ailleurs le plus grand nombre d'étoiles Michelin par habitant en Europe. Beaucoup de cafés, bars et pubs servent aussi des repas substantiels.

Repas

En Flandre, le petit-déjeuner est un repas roboratif composé, entre autres, de charcuterie, de fromage et de céréales. Au déjeuner, bon nombre de restaurants proposent un *dagschotel* (plat du jour). Certains affichent aussi un *dagmenu* (menu du jour) de trois plats ou plus, qui revient moins cher que la carte. On peut parfois dîner dès 18h, mais les restaurants ne s'animent qu'à partir de 20h.

Moules-frites

S'il existe un plat national belge, ce sont bien les moules (*mosselen* en néerlandais). Pour extirper les mollusques, on utilise une coquille vide en guise de pince plutôt qu'une fourchette. Omniprésentes, les frites (*frieten*) accompagnent non seulement les moules (ainsi que presque tous les autres plats), mais constituent l'en-cas de prédilection.

Cuisson de la viande

En Belgique, vous n'aurez pas de problème pour préciser la cuisson de votre viande car même les Flamands utilisent les termes français "saignant", "à point" et "bien cuit".

 À savoir

Spécialités flamandes :
▶ *Bloedworst* (boudin à base de sang de porc, servi avec une sauce aux pommes)

▶ *Breugel Kop* (morceaux et langue de bœuf en gelée)

▶ *Filet américain* (steak tartare)

▶ *Konijn met pruimen* (lapin aux pruneaux)

▶ *Paardefilet* (steak de cheval)

▶ *Paling in 't groen* ("anguilles au vert", aux épinards)

▶ *Stoemp* (purée de pommes de terre et saucisse)

Spécialités belges, Bruxelles

Brasserie de la Roue d'Or Cochon de lait et steak. (p. 77)

Maison Antoine Le nec plus ultra de la frite. (p. 115)

Dandoy La biscuiterie la plus réputée. (p. 77)

Mokafé Vraies gaufres saupoudrées de sucre glace. (p. 74)

Spécialités belges, Bruges

Den Dyjver Excellente cuisine à la bière. (p. 56)

In 't Nieuwe Museum Anguille, steaks et ragoûts. (p. 39)

Christophe Plats flamands, variations autour du steak. (p. 57)

Restobières Carte sur le thème de la bière. (p. 100)

Tables gastronomiques, Bruxelles

L'Ogenblik Délicieux bistrot de la vieille ville. (p. 77)

La Maison du Cygne Restaurant sélect sur la Grand-Place. (p. 78)

Stirwen Adresse chic du quartier européen. (p. 116)

Sea Grill Le roi des fruits de mer, dans le luxueux hôtel Radisson. (p. 78)

L'Atelier Européen Lieu élégant et retiré, fréquenté par les eurocrates. (p. 116)

Tables gastronomiques, Bruges

De Karmeliet Restaurant étoilé au Michelin. (p. 36)

Den Gouden Harynck Classe et sophistication dans un cadre ancien. (p. 56)

Cuisines étrangères, Bruxelles

Ryad Tajines marocains, currys indiens et salon de thé aux airs de tente berbère à Bruges. (p. 39)

Kokob Cuisine éthiopienne et atmosphère accueillante. (p. 77)

Fruits de mer, Bruges

Den Gouden Karpel Crabes, crevettes et huîtres près du marché au poisson. (p. 36)

De Stove La pêche du jour dans votre assiette. (p. 36)

Chagall Anguilles et moules dans un décor cosy. (p. 37)

Adresses authentiques, Bruges

De Belegde Boterham Fréquenté à midi par les locaux. (p. 29)

L'Estaminet Sympathique bistrot proche du Koningen Park. (p. 29)

De Windmolen Mignon café-bar à l'ombre des moulins de Sainte-Anne. (p. 31)

De Stoepa Bistrot doté d'une paisible terrasse-jardin. (p. 56)

Envie de...
Bars et vie nocturne

WIBOWO RUSLI/GETTY IMAGES ©

Si le moindre débit de boissons décline un choix de bières belges et de jenever (genièvre) ahurissant, le plus logique consiste à les goûter dans les "bars à bières" et les "cafés à genièvre". Des établissements programment de la musique live, souvent du jazz. Pour être informé des soirées dans les boîtes et ailleurs, ramassez les flyers à disposition dans les magasins de musique, les boutiques de streetwear, les bars et les cafés.

Habitudes locales

Les adresses spécialisées présentent des cartes riches de centaines de bières qui déconcertent les novices. Indiquez les saveurs et les caractéristiques que vous préférez, et le serveur se fera un plaisir de vous conseiller. Les débits de boissons ouvrent vers 10h et l'horaire de fermeture, non réglementé, varie en fonction de l'affluence.

Où boire un verre

En Belgique, le terme "café" désigne toujours un lieu où l'on sert de l'alcool, voire de quoi se sustenter. Dans ce cas, ces établissements portent parfois le nom de *eetcafé* ("café à manger") ou, pour les adresses plus chics, de "grand café". On peut aussi bien y prendre un verre qu'un repas. On peut aussi boire un coup dans une brasserie ou un bistrot, même s'il s'agit avant tout de restaurants. Les bars ne proposent que des boissons, comme les *herberg* (taverne, en flamand). Très pittoresque, le traditionnel *bruin café* ("café brun", parfois appelé *bruine kroeg*) doit son nom à ses murs habillés de boiseries, alternant avec de grands miroirs. Ces bars à l'ancienne se prêtent bien aux rencontres avec la population.

☑ À savoir

▶ Si vous sortez avec des Belges, vous remarquerez que chacun paye sa tournée, sauf le conducteur qui ramène les autres (celui-ci est surnommé "Bob", résultat d'une campagne réussie contre l'alcool au volant).

▶ Les Belges commandent leurs bières à l'aide d'une curieuse langue des signes.

▶ N'oubliez pas de trinquer – en néerlandais, "santé !" se dit *schol !* ou *gezondheid !*

La rue des Bouchers (p. 75), Bruxelles

Nos bars à bières préférés, Bruxelles

À la Mort Subite Haut lieu de la gueuze. (p. 79)

Moeder Lambic Fontainas Bar branché proposant des bières artisanales. (p. 82)

La Fleur en Papier Doré Pub rétro jadis fréquenté par Magritte. (p. 81)

Nos bars à bières préférés, Bruges

' t Brugs Beertje Choix immense et cadre cosy plein de cachet. (p. 58)

De Garre 130 bières régionales dans une ambiance 100% locale. (p. 40)

' t Poatersgat Quantité de bières trappistes à savourer dans une cave. (p. 39)

Café Vlissinghe Le plus vieux bar de Bruges, incontournable. (p. 39)

Cambrinus Adresse historique dans une maison à pignon du XVIIᵉ siècle. (p. 40)

Musique à tous les étages, Bruxelles

Le Cercle des Voyageurs Jazz, vin et bonne chère. (p. 77)

Music Village Élégant bar jazz établi de longue date. (p. 84)

Art Base Petite salle pour vrais amateurs de musique. (p. 84)

Musique à tous les étages, Bruges

Du Phare Concerts de blues et de jazz, au nord de la ville. (p. 42)

Retsin's Lucifernum Musique latino et environnement exceptionnel. (p. 42)

Est Wijnbar Soirée jazz le dimanche dans un charmant petit bar à vins. (p. 39)

Envie de...
Sortir

HEMIS/ALAMY STOCK PHOTO ©

Sachant que c'est un opéra qui fut à l'origine de la révolte pour l'indépendance de la Belgique, il n'y a rien d'étonnant à ce que les arts vivants bénéficient d'un intérêt prononcé dans tout le pays. Bruxelles possède des dizaines d'établissements splendides, mais les autres villes ne sont pas en reste. Bruges s'enorgueillit d'une salle exceptionnelle, le Concertgebouw. Il existe aussi d'charmants théâtres de marionnettes, notamment le Théâtre royal de Toone, et moult cinémas.

Le cinéma belge

Le climat et une vie nocturne qui débute assez tard contribuent peut-être à expliquer l'amour des Belges pour le septième art. Pourtant, bien que le pays compte quantité de salles, l'industrie cinématographique reçoit peu de financements comparée à d'autres formes artistiques. Seuls deux films belges grand public sortent en moyenne chaque année, auxquels s'ajoutent de petites productions indépendantes aux budgets plus limités. Les réalisateurs belges n'en sont pas moins renommés. Citons les frères Dardenne, qui ont remporté deux fois la Palme d'Or à Cannes pour *Rosetta* (1999) et *L'Enfant* (2005), ainsi que le Grand prix du festival pour *Le Gamin au vélo* (2011). Enfin, bien que réalisée par un Irlandais, la comédie policière *Bons baisers de Bruges* (2008) a fait de la ville flamande une star. Des acteurs belges, comme Natacha Régnier ou Benoît Poelvoorde, se sont aussi taillé une belle réputation. Certains ont même le statut de stars mondiales, à l'image du "Monsieur Muscle" bruxellois Jean-Claude Van Damme, abonné aux films d'action. Parmi les célébrités nationales figurent Vincent Grass, Natacha Amal et Matthias Schoenaerts.

☑️ **À savoir**

▶ Ne cherchez pas de grands multiplexes dans la capitale : les cinémas les plus charmants sont de petites salles indépendantes nichées dans d'élégants passages couverts de verrières, et dans les petites rues.

Théâtre royal de la Monnaie (p. 85), Bruxelles

Spectacle vivant, Bruxelles

BOZAR Magnifique salle de concerts signée Victor Horta. (p. 103)

Théâtre du Vaudeville Pièces, concerts et spectacles de cabaret. (p. 85)

Théâtre Royal de la Monnaie Salle de concerts historique où débuta la révolution belge. (p. 85)

AB Pop et rock. (p. 85)

Théâtre National Théâtre francophone. (p. 85)

Cirque Royal Concerts de groupes connus et danse. (p. 103)

Recyclart Lieu artistique alternatif. (photo ci-dessus, à gauche) (p. 96)

Spectacle vivant, Bruges

Koninklijke Stadsschouwburg Musique classique, danse et théâtre dans un cadre du XIXᵉ siècle. (p. 41)

Concertgebouw Salle contemporaine proposant des concerts et spectacles de danse de premier ordre. (p. 60)

Cactus Muziek-centrum Musiques actuelles, musiques du monde et Cactus Music Festival. (p. 61)

Le top des salles obscures, Bruxelles

Actor's Studio Trois salles d'art et d'essai. (p. 84)

Cinéma Galeries Dans les galeries Saint-Hubert. (p. 83)

Cinematek Classiques du 7ᵉ art et films muets accompagnés de musique live. (p. 103)

L'agenda des cinéphiles

Anima, Brussels & Ghent (http:// folioscope.awn.com www.animatv.be) En février, le festival d'animation de Bruxelles projette des courts et longs métrages de qualité.

Cinema Novo Film Festival, Bruges (www.cinemanovo.be) En mars, ce festival programme à Bruges des films indépendants d'Asie, d'Afrique et d'Amérique latine.

Envie de...
Scène gay et lesbienne

MICHAEL LUHRENBERG/GETTY IMAGES ©

Bruxelles est la ville belge qui a le plus de succès auprès des voyageurs homosexuels. Tous les mois, la légendaire soirée La Démence (www.lademence.com) attire de beaux garçons venus de toute l'Europe. Le Festival du film gay et lesbien de Bruxelles (www.fglb.org) se déroule fin janvier, et la Gay & Lesbian Pride investit les rues de la capitale en mai. D'une manière générale, la population manifeste une attitude tolérante et décontractée vis-à-vis de l'homosexualité. La Belgique se montre progressiste en ce qui concerne le droit des couples de même sexe.

☑ **À savoir**

▶ Après La Démence, de nombreux fêtards vont au **Royal Windsor Hotel** (☏ 02-505 55 55 ; www.royalwindsorbrussels.com ; rue Duquesnoy 5).

Où ?

À Bruxelles, la scène gay et lesbienne se concentre autour de la rue du Marché au Charbon, de la rue des Pierres et de la rue de la Fourche, au centre de la ville. Procurez-vous la brochure bimensuelle Zizo (en flamand), publiée par Holebifoon (www.holebifoon.be), qui répertorie des dizaines d'adresses dans tout le pays. Il n'existe à Bruges qu'un seul lieu spécifiquement gay, **The Pub**, mais l'office du tourisme propose une liste des établissements où la communauté homosexuelle est la bienvenue.

Bruxelles "gay friendly"

Chez Maman (☏ 02-502 86 96 ; www.chezmaman.be ; rue des Grands Carmes 12 ; entrée libre ; ⏰ à partir de 22h ven-sam ; 🚇 Anneessens). Le spectacle de travestis le plus prisé de la capitale.

Fontainas Bar (☏ 02-503 31 12 ; rue du Marché au Charbon 91 ; ⏰ 10h-tard lun-ven, 11h-tard sam-dim ; 🚇 Bourse). Bar tendance avec sièges en skaï déchiré. Animation garantie à la nuit tombée. (p. 82)

Le Belgica (www.lebelgica.be ; rue du Marché au Charbon 32 ; ⏰ 22h-3h jeu-dim ; 🚇 Bourse). Des DJ transforment un traditionnel café brun des années 1920 en l'un des bars musicaux gays les plus courus de Bruxelles.

Fuse (www.fuse.be ; rue Blaes 208 ; droit d'entrée 5-12 € ; ⏰ 23h-7h sam ; 🚇 Porte de Hal). Soirée gay appelée "La Démence", une fois par mois.

Le Club (rue des Pierres 45 ; ⏰ 17h-tard ; 🚇 Bourse). Soirées travestis et discothèque.

Envie de...
Marchés

Des marchés en tout genre se tiennent régulièrement à Bruges et à Bruxelles, qu'il s'agisse d'élégantes foires aux antiquités, parfaites pour dénicher porcelaine, cristal et meubles rares, de brocantes ou de marchés aux puces riches en articles d'occasion –BD, CD, vieux vinyles ou vêtements vintage. Sans compter les marchés alimentaires, parfaits en vue d'un pique-nique.

Marchés d'alimentation

À longueur d'année, des baraques de rue vendent de savoureuses spécialités belges, à commencer par des gaufres saupoudrées de sucre glace et des cornets de frites généreusement nappées de mayonnaise.

Marchés de Noël

L'Avent coïncide avec la magie des marchés de Noël : sur les grands-places des villes, on musarde alors entre jouets, artisanat et décoration, en s'accordant dans le froid une tasse de vin chaud réconfortant. Chaque année, ou presque, apparaissent aussi des sculptures sur glace tandis que des patinoires en plein air sont installées pour tout le mois de décembre. Les offices du tourisme vous en fourniront les adresses, mais le plus simple consiste encore à suivre la foule.

Marchés pittoresques, Bruges

Markt Fleurs et alimentation le mercredi sur la Grand-Place. (photo ci-dessus) (p. 24)

Vismarkt Le vieux marché au poisson à colonnades. (p. 42)

STUART BLACK/GETTY IMAGES ©

Marchés pittoresques, Bruxelles

Gare du Midi Un tas de produits de la Méditerranée et du Maghreb. (p. 123)

Marché aux puces de la place du Jeu de Balle Authentiquement local. Préparez-vous à jouer des coudes pour profiter de la manne quotidienne d'invendus. (p. 123)

Marché des antiquaires du Sablon Haut lieu de la chine le week-end. (p. 104)

Grand-Place Marché aux fleurs trois fois par semaine, lundis, mercredis et vendredis matin. (p. 66)

Place Jourdan Alimentation et vêtement le dimanche. (p. 119)

Envie de...
Shopping

La bière et le chocolat sont les cadeaux les plus faciles à rapporter de Bruxelles et de Bruges, et les deux villes offrent un large choix de boutiques spécialisées. Autres suggestions : la dentelle artisanale, les créations de stylistes belges, les BD, un diamant et les belles antiquités. Les mordus de shopping s'arrangeront pour venir durant les soldes, qui commencent la première semaine de janvier et la première semaine de juillet.

Tout le savoir-faire des grands chocolatiers

Bouchées, pavés ou perles, du brun intense au blanc crémeux, ornés d'une feuille d'or ou de volutes, enveloppés d'aluminium ou de cellophane : acheter du chocolat est un art en Belgique, d'autant que les plus délectables peuvent atteindre 120 € le kilo. L'industrie chocolatière connut un tournant en 1912, avec l'invention à Bruxelles des pralines belges (chocolats fourrés). Ces friandises traditionnelles sont désormais mises au goût du jour par des artisans audacieux, qui les parent d'arômes parfois... déroutants : cigare de La Havane, chou-fleur, petit pois, piment, wasabi, etc.

Points de vente

Outre les quelques boutiques chics des grands chocolatiers, il existe plusieurs chaînes prestigieuses comme Leonidas, Neuhaus, l'inventeur de la praline, et Galler, qui propose aussi ses pralinés en bâtons (mention spéciale pour le chocolat blanc aux pistaches fraîches).

GRANT FAINT/GETTY IMAGES ©

☑ À savoir

▶ Vous trouverez de nombreuses grandes marques de chocolat en supermarché à des prix inférieurs à ceux pratiqués en boutique. Si vous prenez l'avion, sachez que l'aéroport de Bruxelles est le premier point de vente de chocolat au monde.

Le meilleur des chocolatiers de Bruxelles

Mary Spécialiste de la praline, très réputé (p. 104)

Pierre Marcolini L'enfant prodige des chocolatiers. belges (p. 104)

De Biertempel (p. 86), Bruxelles

Neuhaus L'inventeur de la praline belge, dans la galerie de la Reine. (p. 87)

Laurent Gerbaud Chocolat artisanal aux saveurs originales. (p. 100)

Meilleurs commerces de bouche, Bruges

Bacchus Cornelius Formidable choix de bières et de genièvre. (p. 29)

Diksmuids Boterhuis Fromages et charcuterie à foison. (p. 29)

2-Be Chocolats, bières, genièvre et autres spécialités belges. (p. 43)

Chocolate Line Boutique du célèbre chocolatier Dominique Persoone. (p. 61)

La mode dans tous ses états, Bruges

L'Héroïne Modèles de grands stylistes belges. (p. 29)

Madam Mim Vêtements d'occasion ou réalisés avec des tissus vintage. (p. 29)

Olivier Strelli Prêt-à-porter chic pour hommes et femmes. (p. 43)

Passages couverts, Bruxelles

Galeries royales Saint-Hubert Shopping dans un décor de 1847. (p. 75)

Passage du Nord Bar à huîtres, boutique de chocolats et autres sous une jolie verrière. (p. 87)

Boutiques spécialisées, Bruxelles

Boutique Tintin Albums, T-shirts, figurines, etc. (p. 86)

De Biertempel Le "temple de la bière". (photo ci-dessus) (p. 87)

Boutiques spécialisées, Bruges

't Apostelientje Articles en vraie dentelle artisanale. (p. 31)

Rombaux Magasin de musique familial fondé en 1920. (p. 42)

De Striep La BD dans tous ses états. (p. 61)

Envie de...
Musées et galeries

Bruxelles et Bruges témoignent d'une tradition picturale vieille de plusieurs siècles, ainsi que de modes d'expression artistique modernes : sculptures impertinentes ou fresques de BD. Mais c'est le surréalisme, avec Magritte (1898-1967), qui reflète le mieux le sens belge de l'absurde. Son homme au chapeau melon est même devenu un emblème national.

RENATA SEDMAKOVA/SHUTTERSTOCK ©

Art ancien

La distinction entre peintres hollandais et flamands apparut à la fin du XVIe siècle. Au XVe siècle, des artistes sollicités par la noblesse ou le clergé pour immortaliser scènes historiques, religieuses ou de la vie quotidienne influèrent sur l'art européen. Ils sont connus sous le nom de primitifs flamands, parmi lesquels figurent Jan Van Eyck (v. 1390-1441), Rogier Van der Weyden (1399-1464) ou Hans Memling (v. 1440-1494). Le XVIe siècle porte la marque d'une dynastie : Pieter Bruegel l'Ancien (v. 1525-1567), ses fils Pieter (Bruegel le Jeune) et Jan (Bruegel de Velours). Né en Allemagne, Rubens (1577-1640) retourna à Anvers, ville d'origine de ses parents, et mêla les styles flamand et italien pour réaliser des œuvres religieuses et mythologiques aux nus voluptueux de style baroque.

Art contemporain

Le milieu de l'art contemporain est très dynamique. Quelques noms : Panamarenko (né en 1940), dont les sculptures combinent des engins volants réels et imaginaires ; Jan Fabre (né en 1958), plasticien, chorégraphe et metteur en scène ; Luc Tuymans (né en 1958), pour ses peintures porteuses de messages politiques ; et Eddy Stevens, qui emprunte à Rubens en ajoutant des clins d'œil surréalistes.

Les primitifs flamands en majesté

Musées royaux des Beaux-Arts (Bruxelles) Œuvres inestimables de Rogier Van der Weyden et de ses contemporains. (p. 90) (photo ci-dessus)

Groeningemuseum (Bruges) Tableaux de Jan Van Eyck, de Hans Memling et consorts. (p. 46)

Memlingmuseum (Bruges) Six pièces maîtresses du grand Hans Memling. (p. 48)

Arts décoratifs en folie, Bruxelles

Musées Royaux des Beaux-Arts Trésor des styles Art nouveau et Art déco. (p. 90)

Dentelles au musée du Costume et de la Dentelle (p. 72), Bruxelles

Musée Horta Splendide maison de Victor Horta dessinée par lui-même. (p. 121)

Musées thématiques, Bruxelles

Musée du Costume et de la Dentelle Usages de la dentelle dans l'habillement au fil des siècles. (p. 72 photo ci-dessus)

Musée des Instruments de musique Pour voir et entendre des instruments du monde entier. (p. 92)

Musée Magritte Peintures, films, photos et dessins surréalistes. (p. 91)

Musée BELvue Voyage à travers l'histoire de la Belgique; (p. 98)

Musées thématiques, Bruges

Kantcentrum Pittoresque musée de la Dentelle où l'on peut voir les dentellières à l'œuvre. (p. 31)

Museum voor Volkskunde Charmant musée du folklore installé dans une *godshuis*. (p. 30)

Choco-Story Tout ce que vous avez toujours voulu savoir sur le chocolat. (p. 35)

' t Begijnhuisje museum Pour découvrir l'intérieur d'une maison du béguinage. (p. 50)

Frietmuseum Le musée de la Frite, une exclusivité belge. (p. 35)

Diamantmuseum Pierres précieuses et démonstrations de polissage de diamant. (p. 55)

Envie de...
Parcs et jardins

Non contents d'offrir une bouffée d'air pur, les parcs et jardins forment souvent des oasis d'art, d'histoire et de culture. Bruxelles est plus verdoyante que vous l'imaginez, avec des parcs en plein centre et des forêts dans les environs proches. Bruges abrite aussi d'agréables coulées vertes le long de ses canaux, dont une semée de moulins à vent en activité.

LONELY PLANET/GETTY IMAGES ©

Bruxelles

L'espace vert le plus fréquenté du centre-ville est l'élégant parc de Bruxelles, à l'ombre du palais Royal et du palais de la Nation, où l'on vient déjeuner, faire du jogging ou se promener avec ses enfants. Aménagé au XVIIIe siècle sur un ancien terrain de chasse, il fut le théâtre des sanglants combats qui précédèrent l'indépendance de la Belgique en 1830. Près du quartier de l'Europe, le vaste parc du Cinquantenaire est bordé de musées. À l'extrémité sud-est de la ville, le bois de la Cambre s'étend jusqu'à la forêt de Soignes, tandis qu'au nord-ouest, le parc de Laeken, planté de châtaigniers et de magnolias, rejoint l'Atomium.

Se mettre au vert à Bruxelles

Parc du Cinquantenaire Pour concilier nature et culture. (p. 108, photo)

Parc Léopold Une respiration bienvenue au cœur du quartier de l'Europe. (p. 115)

Parc de Bruxelles L'un des plus jolis parcs de la capitale. (p. 99)

Se mettre au vert à Bruges

Minnewater Le " lac d'Amour", dans un écrin de verdure sillonné d'allées. (p. 56)

Begijnhof Paisible jardin du béguinage, couvert de jonquilles au printemps. (p. 50)

Koningen Astridpark Joli parc portant le nom de la reine Astrid, l'épouse suédoise du roi Léopold III. (p. 130)

Envie de...
Visiter avec des enfants

Certes les boutiques de chocolats et le musée de la BD s'adressent avant tout aux adultes... mais il est certain que les enfants auront plaisir à découvrir Bruges et Bruxelles. Voyager entre ces deux villes s'avère très facile, d'autant que les trajets en train débutant après 9h sont gratuits pour les moins de 12 ans accompagnés d'un majeur.

WIBOWO RUSLI/GETTY IMAGES ©

Informations pratiques

Beaucoup de B&B et d'hôtels disposent de lits pour enfants, mais mieux vaut les réserver avant d'arriver. Les poussettes ne sont pas d'un grand secours, car il faut descendre et monter d'innombrables escaliers et manœuvrer dans les rues pavées et sur les trottoirs étroits. Les repas ne devraient pas poser de difficultés, même dans les grands restaurants. Les petits Belges sont plutôt calmes et l'on attendra de votre progéniture un comportement similaire. Si les restaurants prêtent généralement des chaises hautes et proposent parfois un menu enfant, renseignez-vous quand même à l'avance. Les petits quémanderont sans doute des frites et des gaufres à longueur de journée, mais au moins ils n'auront pas faim.

Attractions familiales, Bruxelles

Manneken Pis Le petit bonhomme qui déride les enfants grognons. (p. 72)

Jeanneke Pis Pendant féminin du précédent. (p. 72)

Le Village de la Bande Dessinée Plats sur le thème de la BD. (p. 100)

Peintures murales Cinquante fresques à travers la ville. (p. 73)

Musée des Sciences naturelles Les dinosaures font toujours des merveilles. (p. 113)

Quand il pleut à Bruges

De Striep La caverne d'Ali Baba de la BD. (p. 61)

Diamantmuseum Démonstrations de polissage de diamant pour les plus âgés. (p. 55)

Quand il pleut à Bruxelles

Centre Belge de la Bande Dessinée Dédié au culte de Tintin. (p. 68)

Théâtre royal de Toone Spectacles de marionnettes traditionnelles. (p. 83)

Envie de...
Architecture

Les styles architecturaux qui s'entremêlent à Bruges et à Bruxelles retracent leur histoire et constituent l'un des attraits majeurs de ces villes. L'édifice le plus insolite du pays est l'Atomium, création futuriste imaginée dans la capitale à l'aube de la conquête spatiale. Si l'architecture contemporaine reste un peu à la traîne, comme en témoignent les immeubles de bureaux banals du quartier de l'UE à Bruxelles, quelques réalisations se démarquent dans le paysage urbain, notamment la Concertgebouw en brique rouge de Bruges.

Historique

C'est l'architecture médiévale qui a d'abord laissé son empreinte. Au XVIe puis au XVIIe siècle, l'Italie influencera la Renaissance et le baroque flamands. Ce dernier est parfaitement illustré par les maisons des corporations de la Grand-Place de Bruxelles, rebâties après le bombardement de la ville en 1695.

Art nouveau

L'Art nouveau, né à la fin du XIXe siècle, occupe une place prépondérante en Belgique, notamment à Bruxelles où Horta, dont le travail est exposé dans son ancienne demeure, l'introduisit. Il se caractérise par des spirales, des courbes sinueuses et des motifs floraux, et l'utilisation de matériaux comme le fer forgé, le verre, les bois précieux et le marbre. Au milieu du XXe siècle, la ville subit une vague de démolitions qui anéantit nombre de trésors de ce style. Ainsi, la Maison du Peuple signée Horta fut détruite en 1965, provoquant l'indignation de la communauté internationale et la création de lois de protection du patrimoine.

LATITUDESTOCK - TTL/GETTY IMAGES ©

☑ **À savoir**

▶ On peut découvrir de plus près l'architecture bruxelloise grâce à l'**ARAU** (p. 116), une association animée par des habitants, qui organise des circuits en bus (19 €) et à pied (10 €) permettant, entre autres, de visiter des monuments fermés au grand public. Réservez directement ou par l'intermédiaire de l'office du tourisme.

Art nouveau, Bruxelles

Musée Horta Maison du maître de l'Art nouveau belge. (p. 121)

Galeries Saint-Hubert (p. 75), Bruxelles

Musée des Instruments de musique Dans le bâtiment Old England de 1899. (p. 93) (photo ci-dessus à gauche)

Centre Belge de la Bande Dessinée Anciens grands magasins de tissus conçus par Horta. (p. 68)

Falstaff Bar au décor d'Émile Houbion. (p. 79)

Maison Cauchie Joyau de 1905 dans le quartier de l'UE. (p. 109)

Églises médiévales, Bruxelles

Église Notre-Dame du Sablon Édifice gothique tardif sur une jolie place. (p. 96)

Cathédrale des Saints-Michel-et-Gudule Trois siècles d'architecture. (p. 96)

Église Notre-Dame de la Chapelle La doyenne de la capitale. (p. 97)

Églises médiévales, Bruges

Jeruzalemkerk Inspirée du Saint-Sépulcre de Jérusalem. (p. 34)

Onze-Lieve-Vrouwekerk (Notre-Dame) Église du XIIIᵉ siècle qui abrite un marbre de Michel-Ange. (p. 53)

St-Salvatorskathedraal (Saint-Sauveur) Cathédrale gothique recélant des trésors artistiques. (p. 53)

Monuments phares, Bruxelles

Grand-Place Cœur de la vieille ville, entourée par les maisons des corporations. (p. 66)

Galeries royales Saint-Hubert Somptueux passage couvert coiffé d'une verrière. (p. 75)

Palais de Justice Construction de 1879 imitant un temple pharaonique. (p. 97)

Berlaymont Bâtiment en forme d'étoile de la Commission européenne. (p. 115)

Monuments phares, Bruges

O.L.V-ter-Potterie (Notre-Dame de la Poterie) Hôpital médiéval converti en musée. (p. 34)

Concertgebouw Salle de concert d'architecture contemporaine. (p. 60)

Envie de...
Fêtes et festivals

JOHN FREEMAN/GETTY IMAGES ©

Lorsque la Belgique est en fête, rien ne peut l'arrêter, pas même les aléas d'une météo notoirement capricieuse. Bruxelles et Bruges accueillent chacune des événements variés, en particulier en milieu d'année. Et la proximité entre ces villes rend possibles les escapades en train de l'une à l'autre. Outre les sites Internet des offices du tourisme, le magazine hebdomadaire *Agenda* (www.brusselsagenda. be), en français, anglais et flamand, constitue une bonne source d'information. Pour nombre de manifestations, les dates changent d'une année sur l'autre ; renseignez-vous en ligne.

Jusqu'au bout de la nuit

Le premier samedi d'octobre, Bruxelles organise sa **Nuit Blanche** (www.brusselsinternational.be) à l'instar de Paris. Projections, créations artistiques contemporaines, spectacles de cirque, fêtes, concerts et bien d'autres choses encore se succèdent alors jusqu'au petit jour en différents lieux de la ville.

Procession du Saint-Sang

À l'occasion du **Heilig-Bloedprocessie** (www. holyblood.com), le jour de l'Ascension, une fiole censée contenir le sang du Christ est promenée dans Bruges, accompagnée de groupes folkloriques, de chars et de parades en costume. Cette fête religieuse remontant au Moyen Âge, de loin la plus importante de la ville, réunit plus de 3 000 participants et entre 30 000 et 45 000 spectateurs.

En avant la musique, Bruxelles

Ars Musica (www.ars-musica.be ; ⏱mars) Ce festival accessible à tous est une immersion dans la musique contemporaine.

Jazz Marathon

(www.brusselsjazzmarathon. be; ⏱fin mai) Le jazz s'invite trois jours durant avec 125 concerts gratuits en plein air et plus de 400 artistes.

Les Nuits Botanique

(www.les-nuits.be; ⏱mai) Douze jours de rock, reggae, ska, hip-hop, electro, folk, rap, blues et autres genres musicaux dans le jardin botanique.

Couleur Café

(www.couleurcafe.be; ⏱fin juin) Ce festival métissé se veut celui de toutes les musiques. Il s'étale sur trois jours et a notamment accueilli James Brown et UB40.

En avant la musique, Bruges

Musica Antiqua

(www.festival.be) ⏱août) Outre des concerts,

Procession de l'Ommegang, Bruxelles

ce festival de musique ancienne propose des ateliers pratiques axés par exemple sur la restauration de clavecin.

Klinkers (www.klinkers-brugge.be; ⊙août) Après onze jours de musique, place au *Benenwerk*, un bal où l'on danse sur des rythmes allant de la salsa au disco.

Bière et chocolat

Choco-Laté, Bruges (⊙avril) S'il se résume certaines années à un simple petit marché au chocolat, ce rendez-vous se décline parfois en dégustations, soins de beauté, duos vin-chocolat et "village pour enfants".

Week-end de la bière, Bruxelles (www.weekenddelabiere.be; ⊙septembre) La Grand-Place se mue en un véritable village de stands de bière et de produits dérivés (chopes, sous-bocks, etc.). Entrée gratuite et boissons à prix raisonnable.

Autres manifestations, Bruxelles

Dring Dring (www.dringdring.be; ⊙mai) Pour la semaine du vélo, achetez ou louez une bicyclette d'occasion, apprenez à déjouer les pièges de la circulation et participez à un circuit guidé.

Ommegang (www.omme-gang.be ; ⊙juillet) Née au XIVe siècle, cette procession prit tout son faste lors de la visite de Charles Quint en 1549. C'est cette dernière qui est aujourd'hui reconstituée par une parade en costume de la place du Grand Sablon à la Grand-Place illuminée.

Brussels Summer Festival (www.bsf.be ; ⊙août) On se bouscule pendant dix jours pour assister à plus de 140 spectacles gratuits (concerts, théâtre pour enfants, etc.), avec nombre d'artistes locaux.

Festival de la bande dessinée (comics-festivalbelgium.webnode.com ; ⊙octobre) Découvrez les dessinateurs et les scénaristes qui se cachent derrière les héros les plus célèbres de la BD belge.

Envie de...
Circuits organisés

En bus ou bateau

Bruxelles sur l'eau
(☎ 02-201 10 50 ; www.
brusselsbywater.be ;
quai des Péniches 2b ;
voyages à partir de 10 € ;
Ⓜ Ribaucourt). Une façon
unique d'appréhender
la capitale : plusieurs
excursions didactiques
sillonnent les
canaux ; il existe
aussi des croisières
accompagnées d'un
verre et de musique.

Brussels City Tours
(☎ 02-513 77 44 ; www.
brussels-city-tours.com ;
Grasmarkt 82 ; adulte/tarif
réduit/enfant 31/28/16 € ;
☉ 10h ; Ⓜ Gare Centrale).
Le "Grand Tour de Ville"
englobe tous les sites
majeurs, de l'Atomium
au quartier de l'UE
en passant par les
bâtiments Art nouveau.
Il débute par une visite à
pied de la Grand-Place et
se poursuit en bus.

À vélo

Brussels Bike Tours
(☎ 0484 89 89 36 ; www.
brusselsbiketours.com ;
circuit avec location de

vélo 25 € ; ☉ 10h et 14h
avr-oct). Ces circuits de
4 heures (12 participants
maximum) partent de
l'hôtel de ville, sur la
Grand-Place. Les arrêts
frites et bières le long
du parcours sont en
supplément.

**Quasimundo Bike
Tours** (☎ 050 33 07 75 ;
www.quasimundo.eu ;
circuit avec location de vélo
adulte/étudiant 28/26 € ;
☉ 10h mars-oct) Cette
excursion classique de
2 heures 50 permet
d'explorer Bruges, ses
ruelles étroites, ses
murailles médiévales,
ses moulins à vent et,
bien sûr, ses canaux.
La formule "Border by
Bike" (4 heures) conduit
jusqu'à la frontière
hollandaise via Damme,
le château d'Oostkerke,
des voix d'eau et encore
des moulins.

Visiter autrement

Promenades en calèche
(Markt, Bruges ; 30 min, 39 €
par calèche ; ☉ 9h-début
de soirée, selon la demande)
Malgré leur côté
touristique et un peu

SIRA ANAMWONG/SHUTTERSTOCK ©

☑ À savoir

▶ Procurez-vous la
brochure gratuite
de USE-IT, qui décrit
des itinéraires hors
des sentiers battus
à travers Bruxelles.

kitsch, ces promenades
vous en apprendront
beaucoup sur Bruges et
ne manquent pas d'un
certain charme rétro.

USE-IT (☎ 02-218
39 06 ; use-it.travel/
cities/detail/brussels ;
Galerie Ravenstein 17 ;
☉ 10h-18h30 lun-sam ;
📶 ; Ⓜ Gare Centrale
Des visites gratuites
informelles de différents
quartiers de Bruxelles,
qui mettent l'accent sur
la vie locale et la société
plutôt que l'histoire.
Départ du bureau situé
à Sainte-Catherine.

Carnet pratique

Carnet pratique

Avant de partir

Quand partir

Températures (°C)   Précipitations (mm)

➡ Hiver (nov-fév)
Journées courtes et
froides, avec des chutes
de neige occasionnelles.
Les musées et les
attractions sont moins
fréquentés et les prix
sont généralement plus
bas. Une bonne période
pour visiter Bruges.

➡ Printemps (mars-mai) Temps froid
à doux ; souvent
humide et venteux. Les
principaux sites sont de
plus en plus fréquentés ;
les parcs et les jardins
commencent à fleurir.

➡ Été (juin-août) Temps
surtout ensoleillé,
malgré quelques
averses. Pleine saison
touristique. Le moment
idéal pour les festivals
de musique.

➡ Automne (sept-nov)
Temps doux et variable.
Bonne période pour les
visites culturelles.

Hébergement

➡ À Bruxelles, on
dénombre pas moins de
14 000 chambres d'hôtel.
La plupart sont occupées
en semaine par des
fonctionnaires de l'UE,
les réductions sont donc
souvent intéressantes
pour les touristes, surtout
le week-end.

➡ Les hôtels de catégorie
supérieure facturent
généralement un
supplément pour le petit-
déjeuner mais proposent
de copieux buffets le
week-end.

➡ Certains
établissements de
catégories moyenne
ou supérieure baissent
leurs tarifs pendant les
vacances d'été (de mi-
juillet à mi-septembre).

➡ À Bruges c'est tout
l'inverse : les hôtels
sont bondés et les prix
augmentent le week-end.
Réservez longtemps à
l'avance pour la saison
haute (de Pâques à fin

octobre) et pour le mois de décembre et ses marchés de Noël.

Sites web

Lonely Planet (www. lonelyplanet.com/hotels) Conseils des auteurs Lonely Planet (en anglais).

Bed & Brussels (www. bnb-brussels.be) De nombreux B&Bs à Bruges et Bruxelles peuvent être réservés sur Bed & Brussels, qui propose aussi des forfaits.

VisitBrussels (visitbrussels.be) Le site de l'office du tourisme permet d'effectuer des réservations gratuitement.

Hostelling International (HI; www.hihostels.com) Réservation dans les auberges de jeunesse du groupe HI.

Petits budgets

Captaincy Guesthouse (www.thecaptaincybrussels. com) Un chaleureux petit hôtel dans une maison bruxelloise du XVIIᵉ siècle.

Bauhaus (www. bauhaus.be) Le village des backpackers à Bruges. Une légende autoproclamée.

2go4 (www.2go4.be) Dortoirs et chambres doubles bon marché au cœur de Bruxelles.

Bruegel (www.hihostels. com/hostels/brussels-bruegel) Bon emplacement vers le Marais à Bruxelles.

Catégorie moyenne

B&B Huyze Hertsberge (www.bruges-bedandbreakfast.be) Des couleurs pâles apaisantes et un bel emplacement près du canal à Bruges.

B&B Dieltiens (www. bedandbreakfastbruges. be) Des chambres remarquablement peu onéreuses au cœur de Bruges.

Chambres en ville (www.chambresenville.be) Chambres et studios très élégants à Bruxelles.

Chambres d'Hôtes du Vaudeville (www.theatre-duvaudeville.be) B&B de grande classe avec un emplacement rêvé en plein dans les splendides galeries Saint-Hubert à Bruxelles.

Catégorie supérieure

Relais Bourgondisch Cruyce (www. relaisbourgondischcruyce. be) Petit boutique-hôtel luxueux occupant une maison médiévale à colombage à Bruges.

Guesthouse Nuit Blanche (www.bb-nuitblanche.com) Une maison du XVᵉ siècle

extrêmement romantique et remplie d'antiquités à Bruges.

Dukes' Palace (www. hoteldukespalace.com) De taille imposante et avec une tourelle sortie d'un Walt Disney, cet hôtel 5 étoiles occupe une partie du palais royal de Bruges, daté du XVᵉ siècle.

Hôtel Métropole (www. metropolehotel.com) Opulence de marbre à tous les niveaux dans cet hôtel bruxellois.

Hôtel Le Dixseptième (www.ledixseptieme.be) Un luxe étouffé vous accueille dans ce séduisant boutique-hôtel de Bruxelles.

Arriver à Bruxelles et à Bruges

☑ **Conseil** Pour trouver le meilleur moyen de vous rendre à votre hébergement, voir p. 158.

Aéroport de Bruxelles

L'aéroport international de Bruxelles (www. brusselsairport.be) se trouve à 14 km au nord-est de la ville. Le hall d'arrivée (niveau 2) abrite un bureau de change (attention aux taux), des agences de location de voitures et un office du tourisme. Le terminus des bus et la consigne se trouvent au niveau 0 et la gare ferroviaire au niveau 1.

➜ L'**Airport City Express** dessert environ 4 fois par heure, entre 5h26 et 0h36 (5h17 et 23h50 le week-end) la gare du Nord (15 minutes), la gare Centrale (22 minutes ; 8,50 €) et la Bruxelles Midi (25 minutes). L'aller simple coûte 4,40/2,90 € (1re/2e classe).

➜ Les bus express de la compagnie privée **MIVB/STIB** (www.stib.be) relient l'aéroport à la station de métro Schuman, et celle-ci à la gare Bruxelles-Luxembourg (lignes 12 en semaine et 11 le week-end). Les bus roulent régulièrement de 7h à 20h – en dehors de ces horaires, ainsi que le week-end, ils ont leur terminus à la station Schuman ; le trajet dure environ 30 minutes (3 €).

➜ Un taxi pour le centre de Bruxelles coûte environ 38 €.

Circuits organisés à Bruxelles

➜ **Brussels by Water** (☎02-201 10 50 ; www.brusselsbywater.be ; quai des Péniches 2b ; croisière à partir de 10 € ; **M**Ribaucourt). Les canaux offrent une perspective intéressante (mais un peu industrielle) sur la capitale.

➜ **Pro Velo** (☎02-502 73 55 ; www.provelo.org ; rue de Londres 15 ; circuits à partir de 8 €). Propose des circuits autoguidés à vélo.

Circuits organisés à Bruges

➜ **Croisières sur les canaux** Plusieurs compagnies font partir des bateaux depuis les quais Dijver, Rozenhoedkaai et le pont Blinde Ezelstraat. En été, les croisières débutent toutes les 20 minutes environ.

➜ **Balades en calèche** (39 € par calèche pour une balade de 30 minutes). Des circuits touristiques mais instructifs d'un point de vue historique ; départ du Markt.

➜ **Quasimundo bike tours** (☎050 33 07 75 ; www.quasimundo.eu ; location du vélo incluse adulte/étudiant 28/26 € ; ⏱10h mars-oct). Circuits guidés à vélo dans les ruelles de Bruges.

Aéroport de Charleroi Bruxelles-Sud

Le deuxième aéroport de Bruxelles (www.charleroi-airport.com) est à 46 km au sud-est de la ville. Il est principalement desservi par les compagnies aériennes *low cost* comme Ryanair.

➜ Des bus pour la gare de Bruxelles Midi partent 30 minutes environ après l'arrivée des vols (14 € ; 1 heure).

➜ Des bus directs pour Bruges circulent aussi 4 fois par jour (20/38 € aller/aller-retour ; 2 heures).

Gare de Bruxelles Midi

➜ Deux trains par heure circulent entre Bruxelles

et Bruges (à partir de 19 € l'aller simple ; 50 minutes).

Gare ferroviaire de Bruges

➡ La gare de Bruges est située à 1,5 km au sud de Markt.

➡ Des bus réguliers relient la ville, ou vous trouverez facilement un taxi.

➡ Des trains pour Bruxelles via Gand circulent deux fois par heure. Des trains partent toutes les heures à destination d'Anvers, de Knocke, d'Ostende et de Zeebrugge via Lissewege.

Depuis la France

➡ Le plus rapide est d'emprunter les trains **Thalys** (www.thalys. com) qui arrivent gare de Bruxelles Midi. Ils relient Paris à Bruxelles (1 heure 30) et à Bruges. L'**Eurostar** (www.eurostar.com) propose des liaisons entre Bruxelles et Lille (34 minutes), d'où vous pouvez prendre un TGV pour Paris (1 heure).

➡ Bruxelles est reliée à Paris par les bus d'**Eurolines** (www. eurolines.fr). Le trajet dure 3h40 et les tarifs

Tickets et cartes

À Bruxelles, les titres de transport sont valables 1 heure et vendus dans les stations de métro, aux kiosques STIB/MIVB, chez les marchands de journaux et dans les bus et les trams. Un ticket STIB/MIVB coûte 1,80 € à l'unité (correspondance comprise), tandis qu'une carte d'une journée (trajets illimités) coûte 6 €. Notez que les bus de l'aéroport ne pratiquent pas la même tarification et que les compagnies comme De Lijn (bus flamands), TEC (bus wallons) ou SNCB/NMBS (train) pratiquent des tarifs plus élevés. Les enfants de moins de six ans voyagent gratuitement. Les tickets doivent être validés en début de parcours dans les machines situées à l'entrée des quais de métro ou à bord des bus et des trams. Vous risquez une amende avec un billet non composté ; des contrôles sont régulièrement effectués.

sont moins élevés que par le train. **IDBUS** (www.idbus.fr), à des tarifs également très intéressants (à partir de 19 €), assure la même liaison.

➡ En voiture, Bruges se trouve à 295 km de Paris, et Bruxelles à 305 km (compter 3h à 3h30). Pour voyager à moindre coût, tentez aussi le covoiturage (www. covoiturage.fr).

Depuis la Suisse

➡ Bruxelles est principalement desservie depuis Genève par **easyJet** (www.easyjet. com), **Brussels Airlines**

(www.brusselsairlines. com) et **Swiss** (www. swiss.com), à partir de 180 € l'aller-retour. Des offres promotionnelles sont régulièrement disponibles sur Internet à partir de 50 €.

Depuis le Canada

➡ Il n'y a pas de vols directs entre le Canada et la Belgique. Les correspondances s'effectuent soit à Paris (Air France), soit aux États-Unis (Air Canada, United, entres autres). Il faut compter au minimum 1 200 $C pour un vol Montréal-Bruxelles.

à Vélo

☑ **Idéal pour**... vivre comme un Bruxellois/ Brugeois

→ **Villo !** (📞 07 805 11 10 ; www.en.villo.be ; 1,60/7,65 € par jour/sem) est un parc de 180 stations libre-service pour la location de courte durée de vélos à Bruxelles. Il faut d'abord s'acquitter des droits d'inscription, et le prix est ensuite calculé en fonction de votre utilisation et débité sur votre compte bancaire.

→ À Bruxelles, vous pouvez prendre votre vélo dans le métro et le tramway, sauf aux heures de pointe (7h à 9h et 16h à 18h30), après avoir acheté une carte d'abonnement valable un an (15 €).

→ **Cycling In Brussels** (www.bicycle.irisnet. be) dispose de cartes et d'informations. Bruges est une ville idéale pour les cyclistes ; vous pourrez vous rendre partout rapidement, y compris sur la côte.

→ Pour la location de vélos à Bruges, notamment des tandems, essayez **Eric Popelier** (📞 050 34 32 62 ; www.fietsenpopelier. be ; Mariastraat 26 ; par h/demi-journée/ journée 4/8/12 €, tandem 10/17/25 € ; ⏰10h-18h).

→ Faites un circuit avec **Brussels Bike Tours** (📞 0484 89 89 36 ; www.brusselsbiketours. com ; circuit avec location de vélo 25 € ; ⏰10h et 14h avr-oct). Le circuit (12 pers maximum) part de l'hôtel de Ville (Grand-Place).

Bateau

☑ **Idéal pour**... une escapade romantique à Bruges

→ Des bateaux partent toutes les 20 minutes environ des quais au sud du Burg, notamment Rozenhoedkaai et Dijver.

→ Les croisières durent environ 30 minutes (adulte/enfant 7,60/3,40 €).

→ Attention à l'affluence en été.

Métro, prémétro et bus

☑ **Idéal pour**... les quartiers excentrés de Bruxelles

→ Le vaste réseau de bus et de tram de Bruxelles ne dispose pas d'une plate-forme de correspondance. Munissez-vous d'une carte du réseau STIB/ MIVB gratuite avant de vous aventurer trop loin.

→ Le prémétro (tramway effectuant une partie du trajet sous terre) relie la gare du Nord à la gare de Bruxelles Midi via la Bourse.

→ La fréquence n'est pas très élevée : les métros circulent toutes les 10 ou 15 minutes.

Pas d'impairs !

→ Bruxelles est bilingue, mais à Bruges, mieux vaut parler anglais plutôt que français.

→ Lors d'une première rencontre, hommes et femmes, mais aussi les femmes entre elles, se donnent 3 bises (en commençant par la joue gauche) : après quoi, on se contente en principe d'une seule bise sur la joue gauche. Les hommes échangent généralement une poignée de main.

➡ Les transports publics de Bruxelles fonctionnent entre 6h et minuit. Au-delà, vous devrez prendre un taxi, sauf le vendredi et le samedi où 17 bus de nuit Noctis circulent (3 € l'aller simple) 2 fois par heure entre minuit et 3h. La plupart partent de la place de Brouckère.

Voiture et moto

☑ **Idéal pour**...
l'indépendance

➡ Les transports publics sont le moyen le plus simple de se déplacer à Bruxelles ; le moindre problème paralyse la circulation automobile, surtout le vendredi après-midi.

➡ À Bruxelles, des panneaux indiquent quand le stationnement est payant dans la rue, en général entre 9h et 13h et entre 14h et 19h du lundi au samedi.

➡ Les principaux loueurs de voitures disposent de bureaux à la gare de Bruxelles Midi et à l'aéroport, mais les locations depuis leurs agences du centre-ville sont généralement moins chères. Essayez **Avis** (☎ 02-537 12

80 ; www.avis.be ; rue Américaine 145 ; 🚌 93, 94) ou **Budget** (☎ 02-646 51 30 ; www.budget.be ; Hôtel Bristol ; ave Louise 91 ; 🚌 93, 94).
La circulation étant très difficile à Bruges (voies à sens unique), la meilleure solution pour les automobilistes consiste à se garer dans le parking couvert situé à côté de la gare, qui pratique des tarifs raisonnables.

Taxi

☑ **Idéal pour...** les sorties tardives

➡ Les taxis officiels (noirs ou blancs) facturent 2,40 € la prise en charge et 1,80/2,70 € par kilomètre à l'intérieur/à l'extérieur de Bruxelles. Un supplément de 2 € est exigé en tarif de nuit (22h à 6h). L'attente coûte 30 € par heure.

➡ Les taxes et les pourboires sont normalement inclus dans le prix, et vous n'êtes donc pas tenu de régler les éventuels suppléments exigés par le chauffeur.

➡ Les taxis à Bruxelles attendent près des trois principales gares

ferroviaires, devant l'Hôtel Amigo, près de la Grand-Place et place Stéphanie, sur l'avenue Louise.

➡ Les chauffeurs ont la réputation d'être agressifs et de conduire trop vite. En cas de problème, vous pouvez contacter le numéro gratuit 0800 940 01 ; le reçu, que le taxi doit légalement imprimer, fait figurer le numéro d'identification du véhicule à quatre chiffres.

➡ À Bruxelles, appelez **Taxis Bleus** (☎ 02-268 00 00 ; www.taxisbleus. be) ou **Taxis Verts** (☎ 02-349 49 49 ; www. taxiverts.be).

➡ À Bruges, les taxis attendent au Markt et devant la gare ferroviaire. Sinon, vous pouvez appeler le ☎ 050 33 44 44 ou le ☎ 050 38 46 60.

Infos pratiques

Argent

➡ **Monnaie** La Belgique utilise l'euro (€). Pour connaître les taux de

Astuces pour dépenser moins

➡ Les deux villes proposent d'intéressantes cartes de réduction pour les musées, les transports, les restaurants et les lieux culturels (voir www.bruggecitycard.be pour Bruges, ou www.brusselscard.be pour Bruxelles).

➡ Le premier mercredi de chaque mois, la plupart des musées de Bruxelles sont gratuits à partir de 13h.

➡ Le bureau Arsène à l'office du tourisme de Bruxelles propose des billets à prix cassés pour divers événements culturels. (📞 02-512 57 45 ; www.arsene50.be ; rue Royale 2 ; 🕐 12h30-17h30 mar-sam ; Ⓜ Parc)

➡ Les marchés alimentaires proposent des produits de qualité à prix raisonnable pour les voyageurs séjournant en appartement.

Électricité

230 V/50 Hz

Handicapés

Certains bâtiments publics sont équipés d'ascenseur ou de rampes d'accès, mais ils ne constituent pas la majorité.

À l'extérieur, les personnes en fauteuil roulant sont confrontées aux rues pavées à chaussée inégale, aux trottoirs étroits et aux marches trop hautes. Pour voyager avec la compagnie ferroviaire nationale, les personnes en fauteuil doivent prévenir une heure à l'avance. Seules quelques stations de métro bruxelloises sont équipées d'un ascenseur, mais leur nombre augmente constamment.

change en vigueur, consultez www.xe.com.

➡ **DAB** Très nombreux à Bruxelles et à Bruges.

➡ **Cartes de crédit** Visa et MasterCard sont les cartes de crédit les plus largement acceptées. Les cartes American Express et Diners Club sont admises dans les établissements haut de gamme.

➡ **Bureaux de change** On trouve des bureaux de change (*wisselkantoren* en néerlandais) dans les aéroports et les gares ferroviaires, ainsi que dans la plupart des sites touristiques. De moins en moins d'établissements acceptent les chèques de voyage.

➡ **Pourboire** Le pourboire est facultatif, et les prix des hôtels et des restaurants incluent la TVA. Il est courant d'arrondir la note d'un ou deux euros au restaurant et dans les taxis. Dans les toilettes publiques, il est de coutume de laisser un pourboire (0,30-0,50 €).

De nouveaux tramways sont peu à peu mis en circulation à Bruxelles ; ils sont dotés de sièges en cuir et surtout accessibles aux fauteuils roulants.

☑ **Conseil** À Bruxelles, les **Taxi Hendriks** (☎02-752 9800 ; www.hendriks.be en français et néerlandais) peuvent transporter les personnes en fauteuil roulant.

Horaires d'ouverture

Dans ce guide, seuls les horaires différents des horaires habituels sont mentionnés.

➡ **Restaurants** 11h30 à 15h et 18h30 à 23h.

➡ **Brasseries** 11h à 1h.

➡ **Cafés** 10h à 5h ; l'heure de fermeture est décidée chaque soir en fonction de l'affluence.

➡ **Banques** 9h à 15h30.

➡ **Magasins** 9h à 18h du lundi au samedi ; certains ouvrent le dimanche.

☑ **Conseil** Les bureaux de poste fonctionnent généralement de 9h à 17h du lundi au vendredi et de 9h à 12h le samedi. Les petits bureaux ferment à la pause déjeuner, les plus grands restent ouverts jusqu'à 18h.

Jours fériés

Nouvel An 1er janvier

Lundi de Pâques mars/avril

Fête du travail 1er mai

Ascension 40 jours après Pâques

Pentecôte 7e lundi après Pâques

Fête de la communauté flamande 11 juillet

Fête nationale 21 juillet

Assomption 15 août

Toussaint 1er novembre

Armistice 11 novembre

Noël 25 décembre

Offices du tourisme
Bruxelles

➡ **Visit Brussels** (plan p. 70 ; ☎ 02 513 89 40 ; www.visitbrussels.be ; Rue Royale 2 ; ◷9h-18h lun-ven, 10h-18h sam-dim ; Ⓜ Parc) fournit quantité d'informations précieuses sur la capitale ; un autre bureau est installé sur la **Grand-Place** (plan p. 70 ; 02 513 89 40 ; visitbrussels.be ; hôtel de ville, Grand-Place ; ◷9h-18h ; 🚇 Bourse).

➡ **Use-It** (plan p. 70 ; ☎ 02-218 39 06 ; use-it.travel/cities/detail/brussels ; Galerie Ravenstein 17 ; ◷10-18h30 lun-sam ; 📶 ; Ⓜ Gare Centrale). Sympathique

office du tourisme destiné aux jeunes ; propose des circuits touristiques alternatifs.

Bruges

➡ L'office du tourisme de Bruges, **In & Uit Brugge** (Plan p. 52 ; ☎ 050 44 46 46 ; www.brugge.be ; 't Zand 34 ; ◷10h-18h lun-dim), se situe dans le Concertgebouw (salle de concerts), un édifice contemporain en brique rouge.

➡ Un petit office du tourisme (◷10h-17h lun-ven, 10h-14h sam-dim) est installé à l'intérieur de la gare ferroviaire.

☑ **Bon plan** Les très réussis guides/cartes USE-IT dispensent une foule de bons plans avec un humour décapant.

Réductions
☑ **Conseil** Si vous comptez multiplier les visites de sites et les trajets en transports en commun, la Brussels Card (www.brusselscard.be ; 24/48/72h 22/29/35 €) et la Bruges City Card (bezoekers.brugge.be/bruggecitycard ; 48/72h 46/49 €) permettent de faire de sérieuses économies (elles donnent aussi droit à

des réductions dans une sélection de salles de concerts, de restaurants et de bars).

➡ De nombreux sites accordent des réductions aux étudiants et aux enfants, mais les familles bénéficient rarement de tarifs spéciaux.

➡ Pour profiter de réductions les étudiants doivent présenter une International Student Identity Card (ISIC). Les seniors ont souvent droit à des tarifs réduits, de même que les personnes handicapées.

Sécurité

La Belgique a un faible taux de criminalité, en particulier dans les grandes villes. À Bruxelles, les pickpockets sévissent sur la Grand-Place, autour de l'îlot Sacré, dans la rue Neuve et dans les marchés de la gare de Bruxelles Midi et de la place du Jeu de Balle.

Téléphone

Téléphones portables

La Belgique utilise le système GSM (900/1800), compatible avec tous les téléphones tri-bandes et avec les téléphones vendus dans le reste de l'Europe, mais pas avec ceux d'Amérique du Nord (à l'exception des GSM 1900/900) – renseignez-vous si vous êtes canadien.

Indicatifs

Depuis l'étranger, le code d'accès de la Belgique est le ☏32. Les codes régionaux de chaque ville sont inclus dans les numéros de téléphone locaux et doivent être composés même si vous appelez depuis la même région. Les numéros de téléphone indiqués dans ce guide comportent les codes régionaux.

Appeler en Belgique et à l'étranger

➡ Les cabines téléphoniques acceptant les cartes à unités (vendues dans les bureaux de poste, les centres téléphoniques, les marchands de journaux et les boutiques de téléphonie) sont les plus courantes.

Numéros utiles

➡ **Renseignements internationaux** (☏1405). En anglais.

➡ **Code d'accès international** (☏00)

➡ **Opérateur international** (☏1324)

Toilettes

Les toilettes publiques sont généralement propres et bien entretenues. Vous serez regardé de travers si vous partez sans laisser de pourboire (0,30-0,50 €).

Urgences

➡ **Ambulance/pompiers** (☏100)

➡ **Police** (☏101)

➡ **Service d'assistance** (☏02-648 40 14) Disponible 24h/24 à Bruxelles.

➡ **SOS Viol** (☏02-534 36 36). À Bruxelles. Numéro d'urgence en cas de viol.

Visas

➡ Les citoyens de l'Union européenne ne doivent accomplir aucune formalité douanière.

➡ Les ressortissants du Canada et de Suisse peuvent séjourner dans le pays sans visa pour 3 mois au maximum.

➡ Vous trouverez plus d'information sur le site du ministère des Affaires étrangères (diplomatie-belgium.be) de Belgique.

Langue

La population belge se divise entre la Flandre néerlandophone (*Vlaandereni en néerlandais*) au nord et la Wallonie francophone au sud, sans oublier les petits cantons germanophones dans l'est du pays.

Bruges, ville flamande, est néerlandophone. Il n'est pas toujours bien vu d'y parler français. En revanche, à Bruxelles, officiellement bilingue, le français s'est depuis longtemps imposé.

Notez que Lonely Planet propose un Guide de conversation Néerlandais (voir notre site : **lonelyplanet.fr**).

Néerlandais – l'essentiel

Bonjour.
Dag./Hallo.　　daRh/Ha·lō

Au revoir.
Dag.　　daRh

Comment allez-vous ?
Hoe gaat het　　hou Rhāt Heut
met u?　　mèt ū

Bien. Et vous ?
Goed. En met u?　　Rhout èn mèt ū

S'il vous plaît.
Alstublieft.　　al·stū·blift

Merci.
Dank u.　　dank ū

Excusez-moi.
Excuseer mij.　　èks·kū·zéer mey

Oui./Non.
Ja./Nee.　　yā/né

Parlez-vous français ?
Spreekt u Fransse? sprékt ū frans

Je ne comprends pas.
Ik begrijp het　　ik bœ·Rhreyp Heut
niet.　　nīt

Néerlandais – boire et manger

Je voudrais le menu, s'il vous plaît.
Ik wil graag　　ik vil RhrāRh
een menu.　　eun mœ·nū

Que conseillez-vous ?
Wat kan u　　vat kan ū
aanbevelen?　　ān·bœ·fé·leun

Délicieux !
Heerlijk!/Lekker!　　Hér·leuk/lé·keurr

Santé !
Proost!　　prōst

Puis-je avoir l'addition, s'il vous plaît ?
Mag ik de　　maRh ik deu
rekening　　ré·keu·ning
alstublieft?　　al·stū·blift

petit-déjeuner
ontbijt　　ont·beyt

déjeuner
middagmaal　　mi·daRh·māl

dîner
avondmaal　　ā·vont·māl

bière	*bier*	bīr
pain	*brood*	brōt
café	*koffie*	ko·fi
poisson	*vis*	fis
viande	*vlees*	vlés
noix	*noot*	nōt
vin rouge	*rode wijn*	rō·deu veyn
thé	*thee*	té

Néerlandais – achats

Je voudrais acheter...
Ik wil graag ...　　ik vil RhrāRh ...
kopen.　　kō·peu

Je regarde.
Ik kijk alleen maar. ik keyk a·lén mār

Combien ça coûte ?
Hoeveel kost het? Hou·vël kost Heut

C'est trop cher.
Dat is te duur. dat is tœ dur

Vous pouvez baisser le prix ?
Kunt u wat van de kunt û vat fan deu
prijs afdoen? preys af·doun

Vous en avez d'autres ?
Heeft u nog Héft û noRh
andere? an·deu·reu

Néerlandais – urgences

Au secours !
Help! Hèlp

Laissez-moi tranquille !
Laat me met rust! lāt meu mét rust

Appelez la police !
Bel de politie! bèl deu pō·li·si

Appelez un médecin !
Bel een dokter! bèl eun dok·teur

Je suis malade.
Ik ben ziek. ik bèn zik

Je suis perdu.
Ik ben verdwaald. ik bèn feur·dvālt

Où sont les toilettes ?
Waar zijn de vār zeyn deu
toiletten? toa·lé·teun

Néerlandais – temps et nombres

Quelle heure est-il ?
Hoe laat is het? Hou lāt is Heut

Il est 10 heures.
Het is (tien) uur. Heut is (tīn) ūr

(10) heures et demie.
Half (elf). half (èlf) (lit: la demie avant onze)

matin	*'s ochtends*	soRh·teuns
après-midi	*'s middags*	smi·daRhs
soir	*'s avonds*	sā·vonts
hier	*gisteren*	Rhis·teu·reun
aujourd'hui	*vandaag*	van·dāRh
demain	*morgen*	mor·Rheun

lundi	*maandag*	mān·daRh
mardi	*dinsdag*	dins·daRh
mercredi	*woensdag*	vouns·daRh
jeudi	*donderdag*	don·deur·daRh
vendredi	*vrijdag*	frey·daRh
samedi	*zaterdag*	z·teur·daRh
dimanche	*zondag*	zon·daRh

1	*één*	én
2	*twee*	tvé
3	*drie*	drī
4	*vier*	fīr
5	*vijf*	feyf
6	*zes*	zès
7	*zeven*	zé·veun
8	*acht*	aRht
9	*negen*	né·Rheun
10	*tien*	tīn
100	*honderd*	Hon·deurt
1 000	*duizend*	deuy·zeunt

Néerlandais – transports et orientation

Où est... ? *Waar is ...?* vār is ...

Quelle est l'adresse ?
Wat is het adres? vat is Heut a·drès

Pouvez-vous m'indiquer (sur la carte) ?
Kunt u het kunt û Heut
mij tonen mey teu·neun
(op de kaart)? (op deu kārt)

S'il vous plaît, emmenez-moi à...
Breng me   brèng mey
alstublieft naar ...   al·stū·*blift* nār ...

À quelle heure est-ce qu'il part ?
Hoe laat   Hou lāt
vertrekt het?   feur·*trékt* Heut

Un ticket pour... s'il vous plaît.
Een kaartje naar   eun *kār*·tyeu nār
... graag.   ... RhrāRh

Je voudrais louer une bicyclette.
Ik wil graag   ik vil RhrāRh
een fiets huren.   eun fits *hü*·reu

Index

Voir aussi les index dans les rubriques

⊗ **Se restaurer p. 173**

☻ **Prendre un verre p. 173**

✿ **Sortir p. 174**

🛍 **Shopping p. 174**

référence des **sites**
référence des **cartes**

En coulisses

Vos réactions ?

Vos commentaires nous sont très précieux pour améliorer nos guides. Notre équipe lit vos lettres avec la plus grande attention et prend en compte vos remarques pour les prochaines mises à jour. Pour nous faire part de vos réactions, consultez notre site Web : **www.lonelyplanet.fr**

Nous reprenons parfois des extraits de notre courrier pour les publier dans nos guides ou sites Web. Si vous ne souhaitez pas que vos commentaires soient repris ou que votre nom apparaisse, merci de nous le préciser. Pour connaître notre politique en matière de confidentialité, connectez-vous à : www.lonelyplanet.fr/confidentialite/index.cfm

Un mot de l'auteur

J'adresse mes remerciements les plus chaleureux à Anne Ponslet, Kristof Buntinx et à l'équipe de USE-IT. Merci aussi à Karel pour son hospitalité.

Crédits

Photographie de couverture : Un canal à Bruges, Belgique, Alan Copson/AWL.

Photographie p. 4-5 : Cafés et restaurants sur le Markt, Bruges, Glenn Van Der Knijff/Getty Images.

Brussels Transit Map ©STIB/MIVB 04/2015.

À propos de cet ouvrage

Cette 3e édition du guide *Bruxelles et Bruges en quelques jours* est une traduction-adaptation de la 2e édition du guide *Pocket Bruges & Brussels*. Elle a été rédigée par Helena Smith. La précédente édition avait été écrite par Helena Smith et Catherine Le Nevez.

Traduction
Nathalie Berthet

Direction éditoriale
Didier Férat

Coordination éditoriale
Elsa Whyte

Responsable prépresse
Jean-Noël Doan

Maquette
Pierre Brégiroux

Cartographie Cartes originales adaptées en français par Eduardo Yanes Blanch

Couverture Adaptée en français par Sébastienne Ocampo

Merci à Bernard Guérin pour sa relecture attentive du texte

L'auteure

Helena Smith

Helena est tombée sous le charme de Bruxelles lors d'un week-end consacré à l'architecture (et à la bière !) en compagnie d'un excellent ami. Elle y retourne depuis régulièrement pour se régaler de concerts, de chocolat, et pour le traditionnel bal des vampires. Photographe et auteure de guides de voyage, elle tient aussi un blog axé sur la cuisine eathackney.com.

Bruxelles et Bruges en quelques jours
3e édition
Traduit et adapté de l'ouvrage *Pocket Bruges & Brussels, 3rd edition, April 2016*
© Lonely Planet Publications Pty Ltd 2016
© Lonely Planet et Place des éditeurs 2016
Photographies © comme indiqué 2016

Dépôt légal Mai 2016
ISBN 978-2-81615-603-4

Photogravure Nord Compo, Villeneuve d'Ascq
Imprimé par L.E.G.O. Spa (Legatoria Editoriale Giovanni Olivotto), Italie

FSC
www.fsc.org

MIXTE
Issu de sources
responsables
FSC® C003309

En Voyage Éditions | un département place des éditeurs